AF523545

DOMENICO TERMINE | ROMAN KOFFER | FRIEDRICH SPRINGOB

BRAND

Neu gemixt

Cocktails mit Likören
und Bränden aus
Baden-Württemberg

SBB
Schwarzwald-Bar
Brigade

TRINK DEN *Süden*

Dicht an dicht stehen die Tannen des Schwarzwaldes. Es dringt kaum Licht hindurch. Keine Landschaft für einen *Tequila Sunrise*.
Braun ist das herbstliche Moor in Oberschwaben. Nebel schluckt jedes Geräusch. Weit und breit kein Mensch zu sehen. Kein Ort für einen *Cosmopolitan*.
Ein eisiger Wind fegt über die struppige Wacholderheide der Alb. Er trägt den Duft von Schafdung mit sich. Kein Platz für *Sex on the Beach*.

So vielgestaltig auch die Landschaften im deutschen Südwesten sind, kilometerlange Sandstrände, Meeresrauschen und Palmen gibt es hier nicht. Keine Landschaften, die Gedanken an einen *Caipirinha*, *Mojito*, *Tequila Sunrise* oder *Cuba Libre* aufkommen lassen. Auch keine Weltstädte, die einen an *Martini* oder *Moscow Mule* denken lassen. Keine Region für Cocktails? Wie denn auch – ohne mexikanischen Tequila, karibischen Rum und brasilianischem Cachaça? Wie denn, ohne Wodka, Campari ...?

Dabei ... Der deutsche Südwesten bietet reichlich Alternativen. Und was für welche! Es gibt wohl nirgendwo sonst auf der Welt eine so hohe Brennerdichte wie hier und wohl auch sonst nirgendwo auf der Welt eine solche Fülle an verschiedenen Bränden und Geisten auf kleinstem Raum. 17 000 Kleinbrenner und mindestens 50 000 weitere sogenannte Stoffbesitzer. Sie verarbeiten Hunderte von Obstsorten und eine Vielzahl an Getreidesorten zu Bränden und Geisten. Auch Gin, Absinth und Whisky kommen mittlerweile aus ihren Brennkesseln. So ist es wohl kein Zufall, dass ausgerechnet die Schwarzwald Bar Brigade die heimischen Spirituosen für sich entdeckt hat. Die Brigade hat hier ihre Wurzeln. Ihre Mitglieder arbeiten in Freiburg, der Ortenau, Karlsruhe oder Stuttgart. Sie zeigen, welches Potenzial die Brände und Geiste des Südwestens auch und gerade für Cocktails besitzen. Sie sind Mixer mit Mission.

Indem sie mit der gleichen Liebe und Hingabe Cocktails aus den heimischen Spirituosen kreieren, mit der auch die Brenner sie hergestellt haben: aus bekannten Spezialitäten wie dem Schwarzwälder Kirschwasser oder Himbeergeist genauso wie aus Raritäten aus Wildobst oder den fast vergessenen kostbaren alten Obstsorten wie dem Stuttgarter Gaishirtle oder der Wahl'schen Schnapsbirne (nomen est omen!). Den Herstellern wie den Bartendern geht es nur um das eine: den Geschmack. Und wie's schmeckt, zeigt Ihnen dieses Buch mit seinen vielen Rezepten. Ein (Ver-)Führer, der Sie auf den Geschmack bringen will.

Das Buch ist eine Einladung, all die guten Cocktails zu probieren, die Destillate, die sie zu Geschmacksbomben machen und nicht zuletzt auch die Landschaften zu entdecken, aus denen sie stammen. Neugierig wollen wir Sie machen, damit Sie sich auf die Suche nach Ihren eigenen Favoriten begeben, Sie noch mehr Brenner und Brände für sich entdecken. Dazu stellen wir – beispielhaft für viele andere – Brenner im Porträt vor, außerdem die Landschaften, in denen sie arbeiten, aus denen sie ihre Destillate „ziehen". Lassen Sie sich auf diese kulinarische Entdeckungsreise durchs Ländle mitnehmen, das wir zwar mit einem Augenzwinkern betrachten, aber nicht wirklich durch den Kakao ziehen, dafür aber durch jede Menge Cocktails.

55 neue, überraschende Rezepturen, frisch für Sie kreiert! Sie werden sehen und schmecken: „Wir können alles – auch Cocktails, und was für welche!"

DIE *Schwarzwald* BAR BRIGADE

Die Schwarzwald Bar Brigade hat in erster Linie die regionalen Produkte im Fokus aber auch das internationale Auge wird eingesetzt, denn das Auge trinkt mit! Destillate und mehr aus der Provinz und Metropolen dieser Welt werden kräftig durcheinandergeschüttelt und das Ergebnis sehen Sie in diesem Buch.

COCKTAILS NEU GEDACHT

Die in diesem Buch vorgestellten Rezepte widerlegen überzeugend das Vorurteil, dass Obstdestillate nicht für Cocktails taugen. Gewiss, sie sind Charakterdarsteller, aber keine Diven. Solo im Glas schon Hauptdarsteller, gehen sie auch im Zusammenspiel mit anderen Aromen und Texturen nicht unter, zumindest dann, wenn die Rezepte fein abgestimmt sind. Denn die Eigenheiten von Obstdestillaten und Geisten müssen beachtet werden. Damit ein Drink mit ihnen „funktioniert“, reicht es nicht, Wodka durch Williams zu ersetzen. Man muss die Drinks neu denken. Der grundsätzliche Unterschied ist schließlich der: Viele Drinks erhalten ihren Geschmack aus Fruchtsäften oder Sirup, vom „neutralen“ Wodka kommt der Alkohol. Brände und Geiste bieten aber beides – Aroma und Alkohol, wobei die Aromen fein und vielschichtig sind und der Alkohol nicht hervorstechend. Das muss bei der Kreation von Cocktails mit Destillaten berücksichtigt werden, sie sollen in den Drinks nicht zu Nebendarstellern degradiert werden. In den hier vorgestellten Rezepten tun sie es nicht. Kirsch, Williams, Weinbrand & Co machen darin eine zweite Karriere. Kurz: Hier erleben wir Obstdestillate in ihrer neuen Paraderolle!

OBSTBRÄNDE NEU ENTDECKT

Man muss nur die Destillate so zur Geltung bringen, wie es die Bar Brigade vorführt. Doch warum tut sie das? Hier Domenico Termine im O-Ton: „Ich bin Kopf und Gründer der Schwarzwald Bar Brigade und seit 1993 in der Gastronomie tätig. Eigentlich noch länger, denn schon 1990 bin ich als Eisverkäufer gestartet. Dann zog es mich weg vom Speiseeis und hin zum Würfeleis, also an die Bar. 2011 hatte ich die Idee zur Schwarzwald Bar Brigade, denn die Frage, die mich beschäftigte, war „wieso, wenn man kulinarisch von Baden-Württemberg spricht, hört man immer nur von der guten Küche und den Weinen (zweifelsohne köstlich!), doch es gibt doch gerade hier auch jede Menge Edelbrände und ihre Hersteller. Kaum jemand spricht von denen; ihre vielfältigen Produkte sind in kaum einer Bar zu finden. Warum? Mein Ansporn: Das ändern wir! So machte ich mich daran, die SBB zu gründen und Bartender aus dem Südwesten zusammenzuführen. Bartender, die schon in einer Bar gearbeitet haben, eine Bar leiteten oder auch Inhaber. Alle ‚mixten“ mit, wobei es ein eher loser Zusammenschluss ist: Ein Kommen und Gehen, der eine bleibt länger, der andere nicht. Das Ziel war aber immer, zu zeigen, was man aus regionalen Produkten machen kann und wie gut sie sich im Barregal neben einer großen Marke einreihen und damit dann auch den Produzenten zu zeigen, dass es Zeit ist anders zu denken. Das war und ist das Ziel! Ein Sprachrohr für Destillate und ein Bindeglied zwischen Hersteller, Barszene und Gastronomie.“

Schwarzwald Bar
Brigade

mini
bar
Fribos
BASEL 20 (SCHWEIZ)

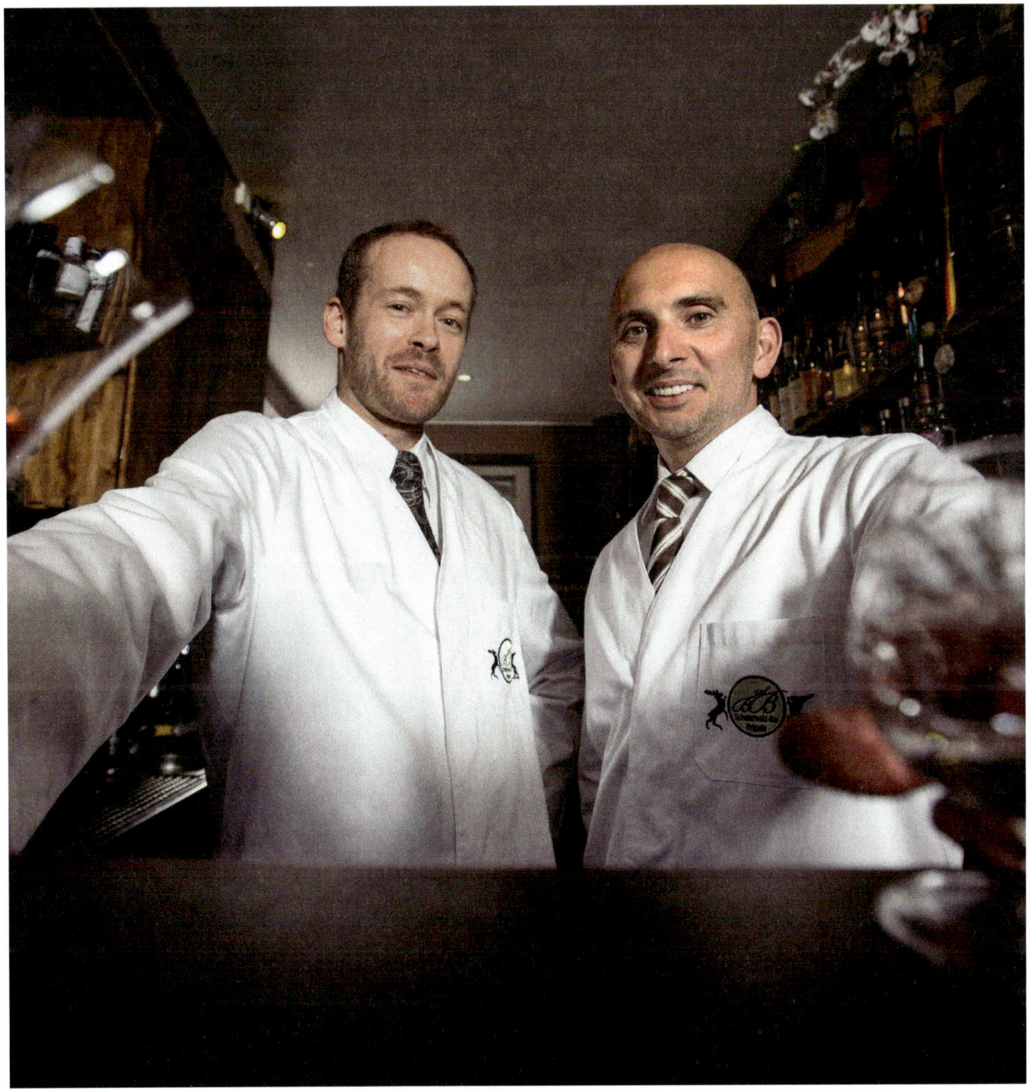

BASICS ZUM *Brennen*

Für ein Destillat braucht es etwas zum Destillieren, Obstmaische beispielsweise. Der Brenner sammelt und erntet die Früchte und maischt sie ein. Das heißt, er wäscht und zerkleinert die Früchte, entfernt gegebenenfalls noch Kerngehäuse und Stiel und fügt dem Ganzen Hefe hinzu. Die „futtert" den Zucker und liefert den Alkohol, der dann in der fertig vergorenen Maische in mehr oder minder hoher Konzentration vorliegt, dann geht's mit ihr in den Brennkessel.

Doch wie funktioniert das Brennen, wie die Destillation? „Destillation" als Fachbegriff meint nicht immer das Brennen von Alkohol, es können zum Beispiel auch Wasser oder Teer destilliert werden. Destillation ist nämlich zunächst einmal ein thermisches Trennverfahren, bei dem der Mensch ein Stoffgemisch erhitzt und es in seine Bestandteile trennt, einfach dadurch, dass er sich die verschiedenen Siedepunkte zunutze macht. In unserem Zusammenhang interessant sind allerdings nur „Alkohol-Wasser-Gemische" wie eine vergorene Maische, Wein, Trester oder Bier. Im Brennkessel werden diese Stoffe erhitzt. Alkohol siedet dabei eher als Wasser. Das kocht bekanntlich bei 100 °C, Alkohol hingegen schon bei 78 °C, das heißt, der im Gemisch enthaltene Alkohol verdampft früher als das Wasser. So kann er über Verdampfung und anschließende Kondensation vom Wasser getrennt und konzentriert werden. Das Schöne daran? Im Alkohol sind auch die Aromen gelöst und gebunden. Aus der Maische gelangen sie so ins Destillat, also von der Frucht ins Glas.

DIE ANFÄNGE

Entdeckt wurde das Prinzip der Destillation im frühen Mittelalter von muslimischen Gelehrten – das Wort „Alkohol" ist arabischen Ursprungs und meint „das Reine". Den Begriff hat der Gelehrte Paracelsus geprägt, in Anlehnung an „al-kuhl", was so viel wie „Hochglanzpulver für Haremsdamen" bedeutet. Dann wurde das Verfahren von den Christen übernommen und über die Jahrhunderte verfeinert. Das war auch bitter nötig, denn so einfach das Prinzip in der Theorie klingt, die Umsetzung in der Praxis ist nicht einfach, da nicht der gesamte destillierte Alkohol genießbar und mancher Bestandteil sogar hoch giftig ist. Es muss also nicht nur der Alkohol vom Wasser, sondern zum Beispiel auch im Alkohol das schädliche Methanol vom genießbaren Ethanol, dem eigentlichen Trinkalkohol, getrennt werden.

IMMER DER NASE NACH

Die Abtrennung geschieht bis heute vor allem sensorisch, das heißt, der Brenner schmeckt und riecht am Geistrohr, aus dem das Destillat rinnt, wann der mit Klebstoff-Aromen angereicherte Vorlauf aufhört, der wohlschmeckende Mittellauf beginnt und wann dieser wiederum vom mit Fuselölen angereicherten Nachlauf abgelöst wird. Je langsamer destilliert wird, umso einfacher die Abtrennung. Gut Destillat will also Weile haben ... und eine durch Erfahrung geschulte Nase. Noch kann sie keine Maschine ersetzen. Allein die Nase kann 10 000 Gerüche unterscheiden und damit die richtigen Signale beim Destillieren setzen. Ob der Brenner bei der Abtrennung von Vor- und Nachlauf richtig entschieden hat, kann dann der Kunde mit denselben sensiblen „Instrumenten" nachvollziehen ebenfalls mit Nase und Gaumen. Man riecht und schmeckt dann, ob tatsächlich „sauber" gebrannt wurde, man riecht und schmeckt aber auch noch mehr, nämlich die vielfältigen Aromen der Ausgangsprodukte. Ein gutes Destillat bietet die Essenz einer Frucht. Riechen Sie zum Beispiel einfach einmal an einem guten Birnenbrand oder Himbeergeist und Sie werden ohne jede weitere Erklärung wissen, was hiermit gemeint ist. Gebunden an den Alkohol, werden die Frucht-Aromen nämlich konserviert und dem Genießer in Reinform dargeboten. Fast könnte man sagen, ein Destillat präsentiere die „Seele“ einer Frucht. Vielleicht rühren daher auch die Begriffe „Geist“ und „Spirituose“ …

TECHNIK HILFT DER NATUR

Erfahrung und eine gute Nase sind also nach wie vor entscheidend für die Destillat-Qualität. Eine gute Technik kann den Brenner bei der Produktion unterstützen. Es ist kein Zufall, dass das Gros der Brenner und der Brenngerätehersteller dieselbe Heimat haben, den deutschen Südwesten. Die Technik kann der Natur, den physikalischen Prinzipien der Destillation, zwar kein Schnippchen schlagen, aber die Handwerker und Ingenieure können sie doch erforschen und versuchen, sie sich möglichst effektiv nutzbar zu machen im Dienste einer sauberen Destillation und wohlschmeckender Destillate.

Im Endergebnis hat dies zu einer anderen Brenntechnik als in Schottland oder im französischen Cognac-Gebiet geführt. Wird dort auf zwei hintereinander geschalteten Anlagen gebrannt, wird hierzulande von den Abfindungsbrennern meist in einem Zug vierfach gebrannt und zwar, indem dem Brennkessel meist eine säulenförmige Kolonne folgt. Darin enthalten sind übereinander angeordnete sogenannte Verstärkerböden, die so heißen, weil sie den Wirkungsgrad der Destillation verstärken. Auf ihnen findet noch einmal Verdampfung und Kondensation statt. Der Kolonne wiederum ist hierzulande ein sogenannter Dephlegmator nachgeschaltet. Auch er verstärkt den Wirkungsgrad der Destillation. Um nur die leichter siedende Flüssigkeit passieren zu lassen, wird der Dephlegmator knapp über den Siedepunkt der Flüssigkeit erwärmt. Die schwerer siedende Flüssigkeit kondensiert dabei in dem Dephlegmator und wird zurück in den Kessel geführt. Bei der alkoholischen Destillation also das Wasser, sodass am Ende ein 80 %iges Destillat aus dem Geistrohr fließt und nicht wie in Schottland bei zwei Brennvorgängen eines mit ca. 70 % vol.

80 Vol.-%. können köstlich riechen, doch werden sie nicht unbedingt gut schmecken, sie sind zu stark. Darum wird das Destillat mit weichem Wasser auf Trinkstärke, in der Regel zwischen 40 % vol und 45 % vol, herabgesetzt. So können sich erfahrungsgemäß alle alkohol-, aber auch alle wasserlöslichen Aromen vorteilhaft präsentieren. Eventuell ist dem Herabsetzen noch eine Lagerung zur Harmonisierung der Aromen vorgeschaltet, geschmacksneutral etwa in einem Glasballon oder zur geschmacklichen Abrundung auch in einem Holzfass. Dies führt zu einer oxidativen Reifung und lässt zusätzliche Aromen, etwa Röst- und Vanillenoten, ins Destillat gelangen.

FLASCHENGEISTE UND FRUIT-SPIRITS

So viel zum Prinzip des Brennens und der Herstellung von Bränden. Nun noch ein paar Worte zu einer Sonderkategorie, den schon erwähnten Geisten. Sie werden aus zuckerarmen Früchten wie Himbeeren oder sogar zuckerfreien Rohstoffen wie Nüssen oder Gewürzen gewonnen. Wie das? Ohne Zucker keine alkoholische Gärung, oder? Und ohne zumindest ein bisschen Alkohol ist doch auch eine Destillation nicht möglich … Richtig! Die Lösung heißt Mazeration. Für sie legt man besagte Rohstoffe in Alkohol ein, lässt den Alkohol die Aromen extrahieren und destilliert dieses Gemisch. Alternativ können auch Körbe mit Kräutern und ähnlichen Stoffen oben in den Brennkessel gehängt werden, sodass die Alkoholdämpfe die Aromen auf diesem Wege „mitnehmen“. Beide Geistverfahren werden zum Beispiel auch für die Destillation von Gin eingesetzt.
Die nächste Kategorie, Liköre, ist als eine Spirituose definiert mit mindestens 100 g Zucker je Liter Fertigware und einem Mindestalkoholgehalt von 15 % vol. Nur bei einem Kirschlikör, der auf Kirschbrand beruht, und bei Enzianlikör darf es weniger Zucker sein. Was aber die sonstigen Zutaten betrifft, hat der Produzent weitgehend freie Hand, was diese Kategorie zu einer Spielwiese für den Brenner macht, auf der dann in der Folge der Kunde genussvoll „herumtollen“ kann.

Alles, was keiner der in der EU-Spirituosenverordnung definierten Kategorien entspricht, muss als Spirituose deklariert werden, deswegen muss eine Spirituose nicht schlechter sein. Vielleicht will ein Produzent einfach bewusst weniger Zucker als vorgeschrieben verwenden oder ersetzt den Zucker durch hochwertigen Fruchtsaft … Hier wie in allen anderen Fällen gilt: Probieren (des Produktes) geht über Studieren (des Etikettes) …

Abfindungs-/ Verschlussbrenner

Im deutschen Süden und Südwesten gibt es circa 17 000 aktive Abfindungsbrenner, außerdem zwischen 50 000 und 100 000 sogenannte Stoffbesitzer, die – ohne eigene Brennerei – das Recht haben, ihren „Stoff", also Obst, zu Destillaten verarbeiten zu lassen. Dazu noch einige Obstverschlussbrenner, die sich häufig aus Abfindungsbrennereien heraus entwickelt haben. Die meisten dieser Brenner leben und „schaffen" in Baden-Württemberg und davon wiederum die meisten im badischen Landesteil. Im übrigen Deutschland gibt es wenig Obstbrenner und (fast) gar keine Abfindungsbrenner. Das ist historisch bedingt, weil die Abfindungsbrennerei mit ihren Sonderrechten durch die süd- und südwestdeutschen Staaten als „Mitgift" in die Reichsgründung 1870/71 eingebracht wurde.

Damit muss sich der Brenner abfinden

Diese Sonderrechte gelten im Prinzip bis heute: Eine Abfindungsbrennerei verfügt über ein jährliches Brennkontingent von 300 Litern reinen Alkohols, ein Stoffbesitzer von 50 Litern. Mehr dürfen sie nicht produzieren, und die Rohstoffe müssen vom Prinzip her vom eigenen Hof stammen. Man kann es auf die Formel bringen: „ohne Hof kein Brennrecht". „Abfindungsbrenner" heißt er, weil der Staat ihn auf eine bestimmte im Voraus pauschal geschätzte produzierte Alkoholmenge „abfindet". Das funktioniert so: Der Brenner meldet der Kontrollbehörde, dem zuständigen Hauptzollamt Stuttgart, was er wann destillieren will. Aus dem „Was", der Obstsorte oder dem Getreide, leitet sich der amtliche Ausbeutesatz und die damit die zu zahlende Alkoholsteuer ab. So wird die Ausbeute bei der Verarbeitung von 100 Liter Kirschenmaische auf den Ausbeutesatz von 5 Litern Alkohol geschätzt. Für diese 5 Liter Alkohol muss er die fälligen Steuern zahlen, nur für sie, selbst wenn er mehr aus den Kirschen „herausholt" (was ein qualitätsbewusster Brenner nicht unbedingt tut).

Der Steuersatz ist außerdem für Abfindungsbrenner niedriger als für die sogenannten Verschlussbrenner. Die heißen so, weil ihre Brennanlage verschlossen ist, vielfach verplombt, damit nichts am Staat und am Finanzamt vorbei produziert werden kann. Hier werden etwa 13 Euro pro Liter reinem Alkohol fällig, dafür ist aber die Produktionsmenge unbegrenzt. Ein Abfindungsbrenner zahlt hingegen nur etwa 10 Euro pro Liter, darf aber eben nicht mehr als besagte 300 Liter reinen Alkohol produzieren.

Das Ende des Monopols ...

Viele Abfindungsbrenner schöpfen ihr Kontingent aber gar nicht aus und vermarkten auch nicht alles selbst, was sie produzieren, zumindest bis Ende 2017. Bis dahin können sie einen Teil ihrer Produktion an eine Bundesbehörde, die Bundesmonopolverwaltung für Branntwein, die das sogenannte Branntweinmonopol verwaltet, abliefern und verkaufen. Ursprünglich tatsächlich ein Monopol, hatte in Deutschland seit dem 1. Oktober 1918 allein der Staat das Recht, mit Branntwein zu handeln, ihn zu neutralem Agraralkohol aufzubereiten und diesen an die Agraralkohol verarbeitenden Produzenten, egal ob groß oder klein, zu verkaufen.

Das war über Jahrzehnte eine ordentliche Einnahmequelle für den Staat und der EU ein Dorn im Auge. Für die Marktwächter aus Brüssel ist ein „Monopol" ein Übel. 1976 entschied der europäische Gerichtshof, dass sich der deutsche Alkoholmarkt für Alkohol aus anderen EU-Staaten öffnen müsse. Das „Monopol" behielt seinen Namen, war aber keines mehr, da es ab 1976 zunächst Konkurrenz aus anderen EU-Ländern, später auch internationale und schließlich, aufgrund einer nationalen Reform des Branntweinmonopols, ab 2000 auch Konkurrenz durch Alkoholproduzenten im eigenen Land erhalten hatte. Marktbestimmend für den aus Obst gewonnenen Alkohol blieb es: Das „Monopol" kaufte den nicht vermarktungsfähigen minderwertigen Alkohol der Kleinbrenner, zum Beispiel die Vor- und Nachläufe eines Abtriebes, auf – zu Preisen, die über dem Weltmarktniveau lagen. Den Kleinbrennern half es, die Europäische Union störte auch das, denn als Hüterin des Wettbewerbs- und Beihilfenrechts konnte sie auf Dauer garantierte Übernahmepreise nicht akzeptieren. Solche eindeutig „produktbezogenen Beihilfen" sind in der Gemeinsamen Agrarpolitik ausnahmslos verboten. Die deutsche Politik konnte mehrfach einen Aufschub erreichen, das Ende aber nicht abwenden: Ende 2017 ist Schluss mit dem Monopol.

... IST NICHT DAS ENDE DER KLEINBRENNER

Abfindungsbrenner wird es aber weiterhin geben, denn auch nach 2017 werden für Abfindungsbrenner und Stoffbesitzer steuerliche Sonderregelungen gelten. Das hat eine einmalige „All-Parteien-Koalition" im Deutschen Bundestag mit der Verabschiedung des neuen Alkoholsteuergesetzes im Sommer 2013 beschlossen. Die wichtigsten Regelungen: Abfindungsbrennereien mit einer pauschalen Besteuerung wird es weiter geben, sie müssen auch weiterhin nur rund 10 anstatt 13 Euro Steuern pro Liter Alkohol abführen und dürfen steuerfreie Überausbeuten „erbrennen". Die geltenden Brennrechte werden überführt in sogenannte staatliche Brennerlaubnisse, die künftig jeder Landwirt in Deutschland mit ausreichend Brenngut erhalten kann, nicht mehr nur im deutschen Südwesten. Dies sind die Ergebnisse einer Mut machenden „Großen Koalition" für kleine Erzeuger.

DIE STREUOBSTWIESEN RETTEN DIE KLEINBRENNER...

Wie ist eine solche nahezu einmalige parteiübergreifende Einigkeit zu erklären? Sie hat eine simple Begründung und beleuchtet gleichzeitig die komplexen Zusammenhänge zwischen einem Produkt und seiner Herkunft. Bei der Fortschreibung der Abfindungsbrennerei ging es fast weniger um den Erhalt des kleinen traditionellen Brenngewerbes .Es ging um die Bewahrung des „Biotops" Streuobstwiese. Die Einmaligkeit dieser Kulturlandschaft erschließt sich jedem Betrachter schon aus der Ferne, wenn er im Frühjahr die Obstblüte erlebt. Ihre Einmaligkeit bestätigt sich auch aus der Nähe. Die 400 000 ha Streuobstwiesen gelten als „Serengeti Deutschlands". Elefanten und Giraffen gibt es hier zwar keine, aber zum Beispiel Steinkäuze und Gartenrotschwänze.

... UND DIE KLEINBRENNER DIE STREUOBSTWIESEN

Die Brenner helfen, die Streuobstwiesen zu erhalten – dieses Argument hat im Jahr 2013 die Bundestagsabgeordneten überzeugt. Man kann es auf die Kurzformel „Schützen durch Nutzen" bringen, da die Verarbeitung des Streuobstes zu Destillaten eine höhere Wertschöpfung als der Verkauf von Mostobst zur Saftgewinnung erlaubt, denn mit dem Obst liegen im Herbst auch regelmäßig die Apfelpreise am Boden. In vielen Jahren sind es nur 5 oder 6 Euro für 100 kg Obst. Das lohnt im Wortsinn nicht des Aufhebens, auch nicht die Pflege und das Nachpflanzen der Obstbäume. Wenn die Bäume nicht „mehr abwerfen" als ihre Früchte, lohnt sich ihre Bewirtschaftung nicht. Doch für eine Zukunft brauchen die Streuobstwiesen eine wirtschaftliche Perspektive; die Schöpfung braucht neben der reinen Wertschätzung auch eine Wertschöpfung, ohne sie haben weder die Obstbäume noch die auf ihnen lebenden Tiere eine Zukunft.

Diese kann aber in der Bewahrung und Wiederbelebung der Brenntradition liegen, denn wirtschaftlich lohnen kann sich die Erzeugung von Destillaten aus Streuobst durchaus. Gleich mehrere Trends laufen in ihnen zusammen: der zu Regionalität und Bio und der Wunsch nach transparenten Herstellungsprozessen sowie nach Produkten „mit Gesicht und Seele". Solche Produkte dürfen durchaus etwas kosten, für sie ist der Verbraucher durchaus bereit, tiefer in die Tasche zu greifen. Hochwertige Destillate tragen also zum Erhalt der Streuobstwiesen bei. Als Genießer eines Brandes vom „Stuttgarter Gaishirtle", von der „Champagner Bratbirne" oder der „Ananasrenette" ist man also aktiver Naturschützer.

Natürlich auch, wenn man als Bartender diese regionalen Destillate für Cocktails, wie die hier im Buch versammelten Drinks, nutzt!

Werkzeuge

RÜHRGLAS/MIXING GLASS

Ein Rührglas dient dazu, Drinks, bestehend nur aus Spirituosen, zuzubereiten und kaltzurühren (z. B. Martini Cocktail).
Hierbei das Glas am besten zu drei Vierteln mit Eiswürfeln füllen, damit der gewünschte Effekt (den Drink herunterkühlen) auch sicher klappt. Idealerweise haben die meisten Rührgläser einen kleinen Schnabel, wodurch das Abseihen in ein Gästeglas erleichtert wird.

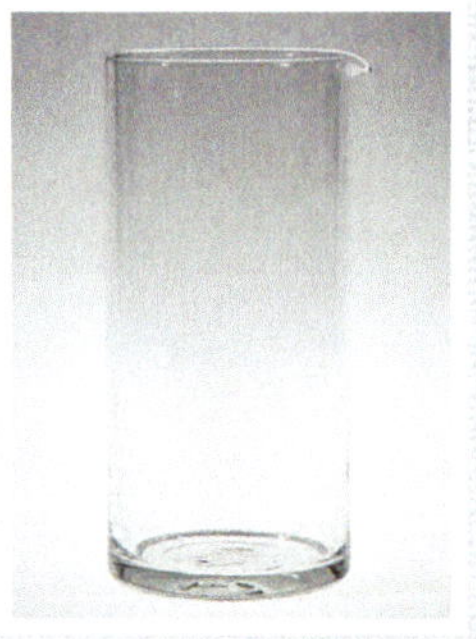

PERLINI CARBONATED COCKTAIL SYSTEM

Sieht schwieriger aus, als es ist! Mit dem Perlini Shaker kann man Drinks/Cocktails Kohlensäure zufügen, eine Weinschorle kreieren (oder auch wiederbeleben ...). Eiswürfel und die flüssigen Zutaten in den Shaker geben und verschließen, dann mit dem Regulator über die kleine Öffnung oben das CO_2 beifügen (ähnlich wie ein Feuerzeug zu befüllen). Shaken und vor dem Öffnen etwa 10 Sekunden abwarten, bis sich die Kohlensäure gesetzt hat, dann öffnen und in das Gästeglas abseihen.
Cheers with Bubbels!
Bitte vorab die Gebrauchsanleitung studieren!

TIN IN TIN SHAKER

Der Tin in Tin Shaker und der Boston Shaker mit Glas sind nahe Verwandte, aber der „kleine" Unterschied bringt doch ein besseres Endresultat. Beide bestehen aus zwei Teilen, beim Boston Shaker ein Teil Glas und ein Teil Metall, beim Tin in Tin Shaker sind beide Teile aus Metall. Das schnelle Runterkühlen von einem Cocktail gelingt somit in einem Tin in Tin Shaker effektiver, da beide Teile aus Metall bestehen. Wird von uns bevorzugt.
Wenn man einen Shaker zur Zubereitung eines Cocktails nutzt, werden meist auch Zutaten wie Säfte, Sirup und Eiweiß verwendet, deren Mischung in den meisten Fällen in einem Rührglas nicht gelingen wird. In diesem Fall heißt es wohl: „Shake it Baby".

ELEKTROMIXER/BLENDER

Ein Klassiker und unverzichtbar für die Zubereitung diverser Cocktails wie z. B. einer Frozen Margarita (wo die Zutaten mit Crushed Ice in den Blender kommen und durch das Mixen in einem sämigen (frozen) Zustand versetzt werden). Auch die Verwendung von Püree oder frischen Früchten, um einen Cocktails zuzubereiten, ist in einem Mixer perfekt zu handhaben. Meist sind die Elektromixer mit zwei Mixstufen (Low & High) ausgestattet und auch das Nachkaufen von Ersatzteilen ist jederzeit möglich.

SMOKING GUN

Aus der Küche bzw. dem Restaurant an die Bar gewandert. Eine perfekte Hilfe, um einem Glas, einer Flasche, einem Cocktail oder auch dem Eiswürfel Raucharomen zu verpassen, bei einem Whisk(e)y Cocktail das rauchige Aroma zu verstärken oder einer Negroni Variante den Vermouth Touch „einzurauchen". Hiermit sollte man sich über Magazine oder Internetseiten, die sich mit diesem Thema beschäftigen, ein wenig einlesen und erst einmal herumexperimentieren, bevor man die Smoking Gun an den Drinks für seine Gäste einsetzt.

Hier zählt „Probieren geht über Studieren", denn einen verbrannten Geschmack im Mund mögen nur wenige!
Bitte vorab die Gebrauchsanleitung studieren!

QUETSCHFLASCHE/SQUEEZE BOTTLE

Das Markenzeichen, nahezu unzerstörbar. Die Dosierflaschen sind perfekte Begleiter an der Bar und fürs Bar Catering, ideal für frisch gepressten Zitronen- und Limettensaft, Sirupe usw.

EISWÜRFELBEHÄLTER/ICE BUCKET

Ein klassischer Eiswürfelbehälter mit Zange hat Stil und ist ideal für das perfekte Servieren. Bestehend meist aus Glas oder Metall.

ZERSTÄUBER

Zum Zerstäuben bzw. Sprühen von kleinsten Tropfen, beispielsweise um einem Drink on Top eine besondere Note zu verpassen oder ein Glas vor dem Eingießen des Drinks leicht auszusprühen, um nochmals einen Aromen-Effekt zu erzielen. Zerstäuber werden meist mit diversen Spirituosen oder Bitter-Essenzen befüllt, die öfter an einer Bar zum Einsatz kommen.

PINZETTE/LANGE BARZANGE

Aus dem Labor an die Bar. Die kleine oder große Pinzette ist in den meisten Bars Standard, da man mit ihr präzise am Drink arbeiten kann. Gerade, wenn z. B. mit Blüten oder Beeren als Deko gearbeitet wird, ist dieses Bar-Utensil ideal.

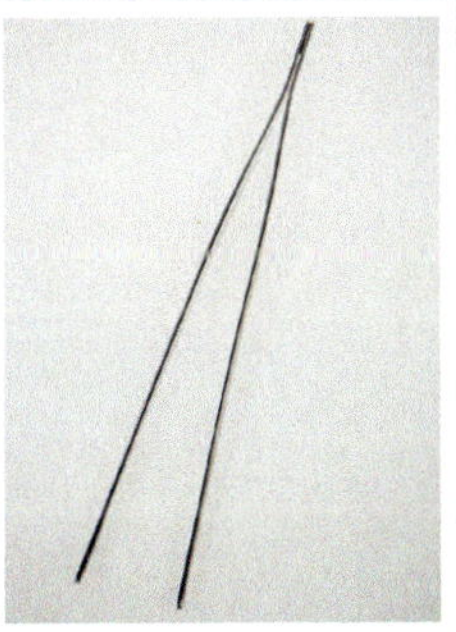

BARLÖFFEL/BAR SPOON

Barlöffel gibt es in unterschiedlichen Designs und Arten. Sie dienen in erster Linie zum Rühren und Schichten von Spirituosen, jedoch werden Barlöffel auch als Maßeinheit

(1 Barlöffel = ca. 0,5 cl) eingesetzt.
Je nach Löffel befindet sich am gegenüber liegenden Stielende auch eine Gabel zum Aufpicken einer Zutat oder ein Flachstück, um Zutaten leicht anzudrücken.

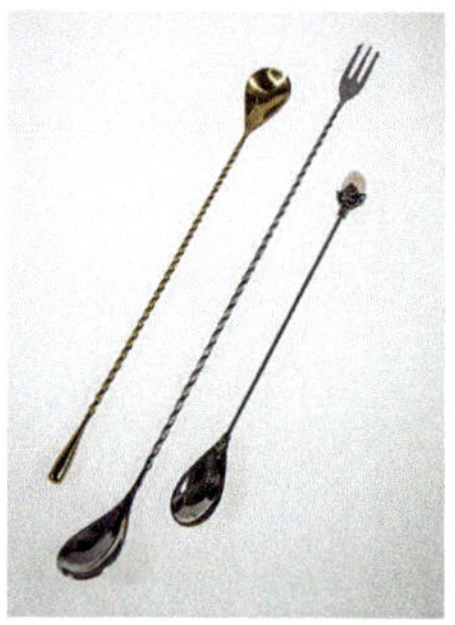

BARSIEB/STRAINER

Auch hier gibt es unterschiedliche Designs und Arten, wobei diejenigen mit einer flexiblen Spirale wohl die populärsten sind, da sie sowohl in einen Shaker bzw. in ein Rührglas oder Trinkglas passen. Das Barsieb dient dem Zurückhalten von festen Bestandteilen (evtl. Zutaten im Cocktail) wie auch dem zum Shaken benutzten Eis.

FEINSIEB/FINE-STRAINER

Das Feinsieb ist, wie der Name schon erahnen lässt, die feinere Variante des Barsiebes und wird beim Einsatz als Fine- oder Double-Strain-Methode bezeichnet. Was konkret bedeutet, dass man durch den Einsatz eines Feinsiebs kleine Bestandteile, wie z. B. die Kerne von Himbeeren, zurückhalten kann und diese nicht zwischen den Zähnen der Gäste wieder auftauchen. Ach ja, ein Teesieb tut's auch!

BARMESSER/BAR KNIFE

Bei dem Messer liegt die Wahl nur bei Ihnen, welches hilft und gefällt, groß oder klein, mit Wellenschliff oder ohne. Ein hochwertiges und scharfes Messer macht natürlich mehr Spaß.

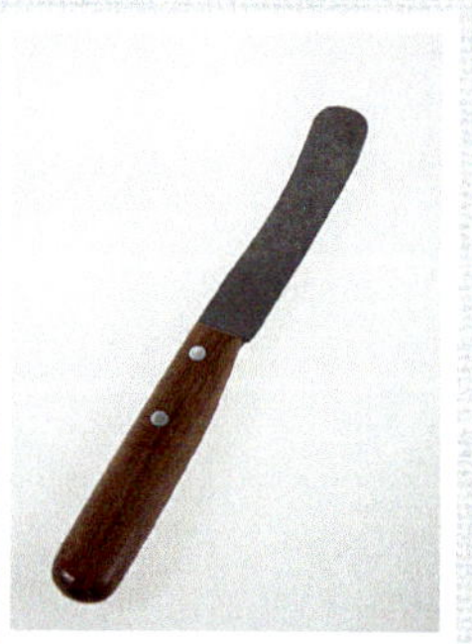

BARZANGE/BAR TONG

Wird sowohl für das Aufnehmen und Einfüllen von Eiswürfeln wie auch bei der Arbeit an der Deko für Drinks gerne genutzt. Hier gilt: „No hands please", Hygiene geht vor.

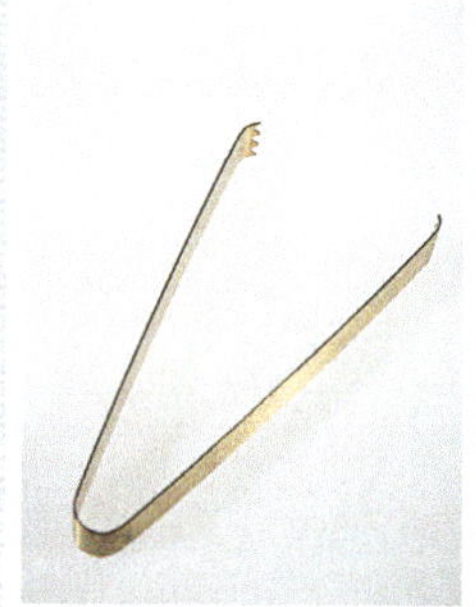

ZESTENREISSER/PEELER

Messer oder Zestenschneider? Wenn man Übung hat, ist der Zestenreißer genauer, und man kann damit schneller Zesten (dünne Schalenstücke) von der Frucht reißen/trennen. Auch hier gibt es etliche Modelle und Designs. Vorsicht mit den Fingern, ein wenig üben ist ratsam!

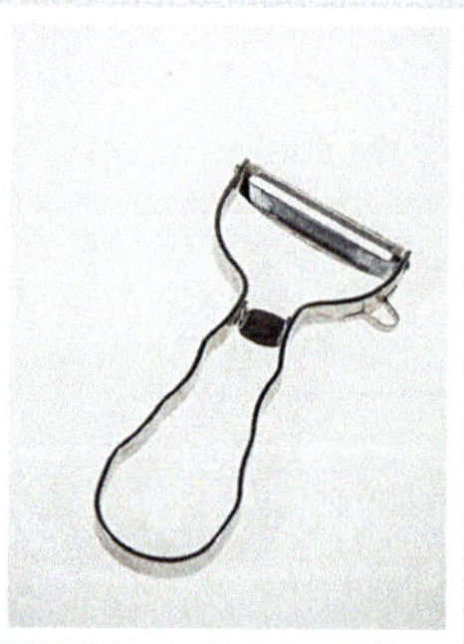

LIMETTENPRESSE/MEXICAN ELBOW

Die Handsaftpresse für den schnellen Move. Perfekt für die Arbeit an der Bar: Limette halbieren, mit der offenen Seite nach unten in die Presse einlegen und drücken. Am Anfang vielleicht noch etwas ungewohnt, doch jeder hat es schnell drauf, und sie wird dann auch unverzichtbar. Gibt es auch eine Nummer größer für Zitronen.

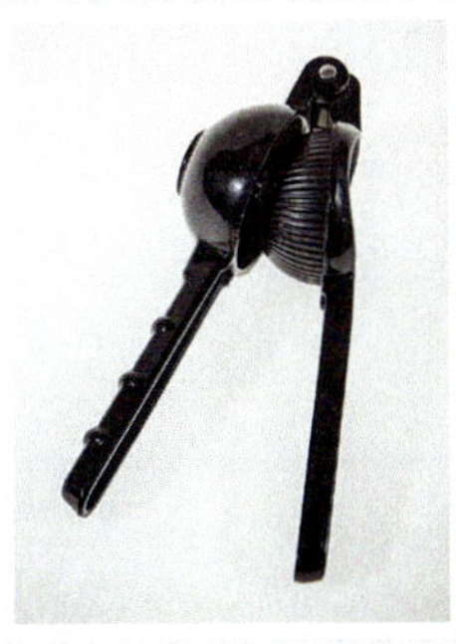

MESSBECHER/JIGGER

Man kennt den Messbecher vom Backen/Kochen zu Hause, in einer Bar ist er nur schicker, aber in beiden Fällen sinnvoll. Gerade bei Klassikern wie einem Martini Cocktail ist ein Messbecher sehr wichtig, um den genauen Geschmack bzw. Wunsch, wie der Gast seinen Martini Cocktail haben möchte, auszumixen. Ebenso ist der Schwund im Vergleich zum Freepouring (Zubereiten von Drinks ohne Jigger) doch eher gering, das freut den Besitzer!

SCHNEIDEBRETT/CUTTING BOARD

Ein Schneidebrett aus Holz und ein paar Zentimeter dick ist wohl das schönste, und wenn man es ab und zu mit etwas Olivenöl einreibt, sieht es immer wieder aus wie neu. In einer Bar wird für das „Mise en Place" oft aus hygienischen Gründen auch ein zweites Schneidebrett benutzt oder, sofern der Arbeitsbereich/Platz dies zulässt, mit zwei Brettern (Holz und Kunststoff) gearbeitet.

EISSCHAUFEL/ICE SCOOP

Hygiene geht vor. Wenn es schneller gehen muss, dann mit der Eisschaufel. Wir bevorzugen Modelle aus Metall und mit kleinen Löchern oder Schlitzen, so wird beim Aufnehmen von Eiswürfeln aus der Eiswanne eventuell gebildetes Schmelzwasser nicht mit aufgenommen und die Gefahr, den Drink dadurch zu verwässern, besteht nicht.

BARSTÖSSEL/MUDDLER

Der Drink, der dem Barstößel zu Weltruhm verholfen hat, ist die Caipirinha. Er ist dazu da, um verschiedene Zutaten wie Früchte, Gewürze und Kräuter leicht anzudrücken oder zu zerdrücken, je nach Drink. Die meisten Stößel sind aus Materialien wie Holz, Edelstahl oder Kunststoff.

REIBE/GRATER

Nicht nur für das Reiben einer Muskatnuss zu einem Drink (Egg Noggs oder Flips) benötigt man eine Reibe, sondern für einige Zutaten mehr. Daher ist eine Reibe klein oder groß, fein oder grob, einfach ein Muss an jeder Bar, ansonsten ist keine „Abreibung" möglich!

GLÄSER

WEISSWEINGLAS

Natürlich bevorzugt für Weißwein genutzt, aber auch für Aperitif-Cocktails perfekt einsetzbar. Füllmenge etwa 10 - 20 cl

ROTWEINGLAS

Natürlich bevorzugt für Rotwein genutzt, aber auch dieses Glas kann man perfekt für Cocktails nutzen. Füllmenge etwa 10 - 25 cl

LONGDRINK- ODER HIGHBALLGLAS

Beim Longdrink- oder auch Highballglas scheiden sich manchmal die Geister. Schmal und hoch sollte es sein, aber über die Füllmenge lässt sich streiten. Wir finden, der perfekte Highball wird mit einer Einheit von 20 - 25 cl serviert. Füllmenge 20 - 35 cl.

COUPETTE/COCKTAILSCHALE

Coupette-Gläser gibt es in zahlreichen Varianten mit unterschiedlichen Füllmengen. Einfach wild die schönsten und teuersten zu kaufen, stellt sich oft als Fehler heraus. Besser man macht sich vorab Gedanken, für was man sie benötigt: für eine Bar, ein Restaurant oder ein Bar Catering, eher die elegante Variante oder etwas robuster. Die Füllmenge um etwa 20 cl ist wohl die beliebteste. Da der Drink in einem Coupette ohne Eis serviert wird, das Glas immer vorkühlen.

SCHAUMWEIN- & CHAMPAGNERGLAS

Natürlich bevorzugt für Schaumwein oder Champagner, aber ebenso perfekt für Cocktails, die mit dieser Produktgattung veredelt werden. Das Glas vorkühlen und mit Stil trinken. Füllmenge etwa 20 - 25 cl.

NICK & NORA-GLAS

Bekannt und benannt durch den Film „The Thin Man“, sie fallen des Öfteren auch unter die Rubrik der Coupette-Gläser. Auch hier gibt es zahlreiche Varianten mit unterschiedlicher Füllmenge, und wir finden, dass einige Varianten auch sehr gut als Cocktailspitz/Martinglas-Ersatz für Martini-Cocktails taugen. Die Füllmengen schwanken von 10 - 20 cl.

APERITIF- & COCKTAILGLAS

Aperitif-Gläser sind ein Muss an der Bar, auch wenn Deutschland nicht das Aperitif-Land Nr. 1 in der Welt ist (würde uns freuen, wenn sich dies ändert). Ein Wermut, Likör, Weinaperitif usw. gehört in ein passendes Glas, welches aber zugleich für kleine, feine Cocktails genutzt werden kann.
Füllmenge etwa 4 - 10 cl.

WECKGLAS

Eher im Food-Bereich zu finden, aber auch diese Glasform kann man perfekt an die Bar adaptieren. Füllmenge etwa 14 cl.

TUMBLER

Bei diesem sollte man zwischen dem kleinen und dem großen Tumbler unterscheiden.
Der kleine, „Single old fashioned glas“ genannt, geeignet für pure Spirituosen mit oder ohne Eis, wie auch zum Servieren von Cocktails.
Füllmenge etwa 25 - 30 cl.
Der große, „Double old fashioned glas“ genannt, geeignet für pure Spirituosen mit oder ohne Eis wie auch zum Servieren von Cocktails. Meist wird diese Form für Cocktails mit mehr Eis oder Menge benutzt.
Füllmenge etwa 30 - 45 cl.

SCHWENKER

Klassisch als Cognac-Schwenker bekannt, und auch davon gibt es zahlreiche Modelle. Es hat einen speziellen Stil, wie wir finden, und gerade die großen bauchigen kann man perfekt im Cocktailbereich einsetzen.
Füllmenge etwa 40 cl.

COCKTAILKELCH

Der Kelch, meist ein wunderschönes Glas, der viele Cocktails perfekt aussehen lässt.
Ein Allrounder, wie wir finden, und der auch in verschiedenen Größen zu haben ist, ideal für Crustas, Sours, Flips und eigene Kreationen.
Füllmenge etwa 12 - 24 cl.

ASIA STYLE BECHER

Für einen Drink im Asia Style passt natürlich ein Glas oder Gefäß in diesem Stil, was ebenso auf andere Länder übertragbar ist. In diesem Fall einfach in einen guten Asia Shop gehen. Füllmenge etwa 10 - 20 cl.

SHOTGLAS

Klein, aber fein heißt hier die Devise, und einen Shot kann man auch nippen. Füllmenge 2 - 4 cl.

RÖMER

Ein Glas aus dem 16. Jahrhundert, auch bekannt als Waldglas, von uns als Cocktailglas verwendet. Füllmenge etwa 20 - 25 cl.

PUNCH, GROG ODER HOT GLAS

Diese Glasreihe wird überwiegend für Drinks und Cocktail verwendet, die man erhitzt bzw. heiß serviert. Der wohl bekannteste Drink dieser Gattung ist der Irish Coffee, aber gerade auch in der kalten Jahreszeit kann man mit „Hot Drinks“ immer punkten.

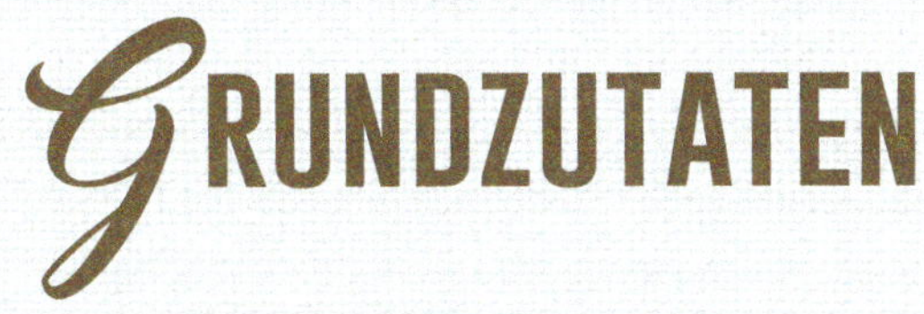

Grundzutaten

ZUCKERSIRUP/SIMPLE SIRUP

Wasser und Zucker zu gleichen Teilen (500 ml Wasser, 500 g Zucker) in einen Topf geben, ca.15 Minuten leicht erhitzen, öfter umrühren, bis sich die Zuckerkristalle vollständig aufgelöst haben. Je nach Belieben können Sie den Sirup auch in einer 2:1 Mischung herstellen (2 Teile Zucker, 1 Teil Wasser), von uns präferiert. Ein schnelles Aufkochen vermeiden, damit das Ganze nicht karamellisiert und bernsteinfarben wird.

KRÄUTER BZW. GEWÜRZ-SIRUP

Wie den Zuckersirup zubereiten, nur hier noch Kräuter oder Gewürze beigeben. Für Vanillesirup eine Schote der Länge nach aufschneiden, das Mark mit der Messerrückseite herauskratzen und zusammen mit der Schote und vor dem Erhitzen in den Topf geben. Bei Kräutern gerne mit getrockneten arbeiten. Diese erst während des Kochens des Zuckersirups beigeben und die empfohlene Ziehzeit (analog der Zeit für Tee) beachten, dann absehen.

CORDIAL

Gleiches Verfahren wie bei der Herstellung von Zuckersirup, dabei wird statt Wasser Limetten- bzw. Zitronensaft verwendet. Das Verhältnis des Saftes zu Zucker darf 1:1 nicht übersteigen. Außerdem gibt man dem Aufkochen noch die Zesten (siehe auch Seite 14) der entsprechenden Frucht hinzu, um den frischen Geschmack zu unterstützen. Langsames Aufkochen ist ratsam. Zum Schluss das Ganze noch filtern (am einfachsten mit Hilfe eines Tuchs) und abkühlen lassen. Man erhält einen Zitrussirup, der haltbarer ist als frischer Saft und noch leichte Säure besitzt (nicht mit dem Sweet & Sour Mix verwechseln).

COCKTAILBITTER/BITTERS

Bitters sind Essenzen, die ebenfalls sehr gerne für die Zubereitung von Cocktails benutzt werden. Es sind sozusagen die Würzzutaten von uns Barkeepern. Sie sorgen teilweise für Komplexität und Tiefe, fügen die anderen Zutaten zusammen, geben teilweise subtile Noten im Vordergrund oder für den Abgang des Drinks. Aber immer vorsichtig und sparsam einsetzen, da ein paar Tropfen reichen.

EISWÜRFEL

Der nahezu perfekte Eiswürfel nennt sich Volleiswürfel, ist würfelförmig und hat einen Durchmesser von ca. 3 × 3 cm. Ideal zum Shaken, da er nicht schnell bricht und weniger Schmelzwasser bildet. Ein guter Eiswürfelbereiter zahlt sich aus. Macht man sich die Mühe und legt diese Eiswürfel nochmals in eine Tiefkühltruhe (doppelt gefrostet), hat man wohl das beste Ergebnis (noch kühleres Eis)!
Standardtemperatur von Eiswürfeln: -1 bis -3 °C
Doppel gefrostet: ca. -18 °C

CRUSHED ICE

Bei Drinks mit Crushed Ice ist Schmelzwasser erwünscht, also eine leichte Verwässerung tut diesen Drinks gut. Crushed Ice kann man einfach und schnell selbst herstellen: Eiswürfel in eine Küchenhandtuch oder einen Gefrierbeutel geben und z. B. mit einem Fleischklopfer zerkleinern. Perfekt ist, wenn das Crushed Ice erst kurz vor der Verarbeitung im Drink aus dem Tiefkühler kommt.

ICE BALL

Kugel statt Würfel ... Für das Herstellen von Ice Balls gibt es Eiswürfelbereiter oder Formen für den Gefrierschrank. Ein Ice Ball gibt Schmelzwasser langsamer ab als ein Würfel, vor allem, wenn die Ice Balls aus dem Eiswürfelbereiter kommen und doppelt gefrostet wurden. Da kann man sich schon richtig lange Zeit lassen für seinen Drink! Ebenso gibt es Formen für Ice Sticks zu kaufen.

Arbeitstechniken

ABSEIHEN

Am Hawthorne Strainer geht kein Weg vorbei, wenn man Cocktails zubereiten möchte! Das Barsieb dient dazu, um z. B. Eiswürfel aus dem Shaker oder Rührglas beim Abgießen zurückzuhalten. Einfach das Barsieb mit der Spirale nach unten auf den Shaker oder das Rührglas legen, dieses anheben und seinen Inhalt in das Gästeglas gießen.

DOPPELT ABSEIHEN/FINESTRAIN

Die Finestrain-Methode wird angewendet, wenn bei der Zubereitung eines Cocktails feste Zutaten wie Kräuter oder Früchte verwendet werden. Um diese wie auch das Eis zurückzuhalten, kommt sowohl das Barsieb wie auch das Feinsieb zum Einsatz: Gehen sie wie oben beschrieben beim Abseihen vor und halten zusätzlich noch ein feines Sieb (z. B. Teesieb) über das Gästeglas. Haben Sie z. B. einen Drink mit frischen Himbeeren zubereitet, so finden sich dank dieser Methode keine kleinen Kerne von der Himbeere mehr im Glas und auch nicht zwischen den Zähnen des Gastes.

JIGGERN

Klingt cool, bedeutet aber nichts anders als „abmessen"! Leitet sich vom Jigger ab, dem Barmaß. Es dient dazu, kleine Flüssigkeitsmengen auf den Punkt genau in ml/cl abzumessen, um Rezepte immer exakt gleich zu mixen. Wenn man Zeit hat, eine perfekte Art zu arbeiten.

BAUEN

Wohl die schnellste Weise, einen Drink zu kreieren (ideal für Durstige). Einfach Eis, Spirituose, Filler (Flüssigkeit zum Auffüllen), Garnitur (wenn nötig) in das Gästeglas geben und fertig ist der Zauber. Perfekt, wenn die Filler dafür gekühlt sind.

SHAKEN

Nach unserem Wissen wurde 1872 der erste Shaker patentiert. Bis heute ist er ein fester Bestandteil der Barausstattung, wo auch immer Cocktails zubereitet werden! Der Shaker kommt zum Einsatz, wenn es darum geht, Zutaten die auf Grund Ihrer Konsistenz eine gewisse Schwere haben, wie z. B. Fruchtsäfte, Sirup, Eiweiß, Sahne, zu vermischen.

So wird er verwendet (am Beispiel des Tin in Tin Shakers erklärt): Zutaten in einen der beiden Metallbecher geben, mit Eiswürfel auffüllen (gerne bis zur Oberkante), den anderen Becher darauf stecken und mit einem leichten Druck mit dem Handballen verschließen. Nehmen Sie den Shaker auf, je eine Hand an einem Becher, legen Sie ihn in eine waagerechte Position und schütteln Sie ca. 10–12 Sekunden (je nach Zutat auch 15–17 Sekunden) kräftig hin und her. Der Shaker ist von außen dann leicht beschlagen, dies ist ein Zeichen, dass der Drink gekühlt wurde. Den Shaker abstellen und mit einem leichten Druck öffnen.

DRY SHAKE

Beim Dry Shake wird kein Eis verwendet, daher auch der Name. In erster Linie dient die Methode dazu, um z. B. bei Verwendung von Eiweiß eine Schaumkrone zu erzeugen. Ob man zuerst einen Dry Shake und dann einen Wet Shake (mit Eiswürfeln) macht oder andersherum, kann jeder einfach mal ausprobieren. Beim Dry Shake kann man die Spirale von einem Barsieb lösen und diese mit shaken!

RÜHREN

Das Rühren von Cocktails ist der Gegenpart zum Shaken. Somit perfekt geeignet, wenn eher leichte Zutaten für den Cocktail benutzt werden, die sich gut miteinander mischen lassen. Ein bekanntes Beispiel ist der Martini

Cocktail. Auch hier macht es Sinn, nicht am Eis zu sparen! Zutaten in das Rührglas geben, dann das Rührglas zu drei Vierteln mit Eiswürfel befüllen. Den Barlöffel bis zum Boden in das Rührglas eintauchen und ca. 30 Sekunden, am besten am Glasrand, entlang rühren.

MUDDLEN

Wohl der bekannteste Cocktail, der überwiegend mit dieser Methode hergestellt wird, ist die Caipirinha. Mit einen Stößel die Zitrusfrucht andrücken und dadurch den Saft wie auch die ätherischen Öle freisetzen. Die Methode wird auch beim Verarbeiten von frischen Kräutern oder Früchten eingesetzt. Die gewünschte Zutat in ein Glas oder den Shaker geben, dann durch leichtes Andrücken und gleichzeitiges Drehen des Stößels zerdrücken.

BLENDEN

Ein Elektromixer (Blender) kommt an der Bar nur zum Einsatz, wenn Sie mit frischem Obst (z. B. Ananas, Banane, Mango) arbeiten oder durch die Zugabe von Crushed Eis einen Frozen Drink erzeugen möchten. Siehe Rezept Apple and Bean (Seite 92).

FLOATEN

Den meisten ist diese Technik wohl durch einen Shot Drink namens B-52 bekannt (drei Zutaten, geschichtet in einem Shotglas). Mit dieser Art von Drinks, auch Pousse Cafés genannt, hat wohl schon jeder seine Bekanntschaft gemacht, ob positiv oder negativ, ob sie sehr süß oder einfach nur stark waren. Meist werden zwei bis vier Zutaten direkt ins Gästeglas gegeben, ohne dass sie sich vermischen. Dabei beginnt man mit der schwersten Zutat, tendenziell die mit dem meisten Zuckergehalt, gib dann die zweitschwerste dazu usw.

Am besten nutzen Sie dafür einen Barlöffel, diesen drehen und die Flüssigkeit jeweils vorsichtig über die Rückseite gießen. Den Barlöffel dabei immer knapp über die letzte Schicht halten.

WERFEN

Nach unserer Auffassung ist diese Methode der Ursprung der Zubereitung von Cocktails. Er wird des öfteren anstelle von Rühren eingesetzt, weil man den Drink der Luft aussetzt, wie beim Wein, und er dadurch an Aroma gewinnt. Hierbei wird der Drink von einem Barbecher mit Eis in den anderen „geworfen" (tatsächlich; bzw. laufen gelassen, über einen möglichst langen Weg durch die Luft. Diesen Vorgang mindestens sieben Mal wiederholen, damit auch das benötigte Schmelzwasser entsteht. Ein wenig zu üben, bevor es hinter der Bar praktiziert wird, kann nicht schaden!

ZESTEN HERSTELLEN

Zesten bedeutet nichts anderes als Schalenstücke von Früchten oder Gemüse. Gerade die Zesten von Zitrusfrüchte sind sehr wichtig für die Arbeit an der Bar bzw. die Zubereitung eines Drinks, Sirups, Bitters usw. In den Zitrusfruchtschalen befinden sich die ätherischen Öle, die ich durch leichtes Andrücken einer Zeste über einem Longdrink oder Cocktail beigeben kann und ihm dadurch ein perfektes, frisches Aroma bekommt.

Sie benötigen nicht unbedingt einen Zestenreißer, ein einfacher Spargelschäler tut's für den Anfang auch. Halten Sie die Zutat in der einen Hand und den Zestenreißer in der anderen, leichten Druck mit dem Daumen auf den Zestenreißer geben und ihn nach unten ziehen. Dabei auf die Finger achtgeben! Daher die Bewegung mit dem Zestenreißer nie in Richtung der Finger der anderen Hand machen.

ARBEITSTECHNIKEN

DÖRREN

Keine neue Erfindung, schon unsere Urahnen nutzten diese Methode, um Lebensmittel länger haltbar zu machen. Vereinfacht ausgedrückt, bedeutet Dörren, dem Produkt Wasser zu entziehen. Heutzutage lässt sich das durch Dörrgeräte sehr einfach umzusetzen. Welche Lebensmittel wie lange und bei wieviel Grad gedörrt werden, darüber kann man sich in speziellen Büchern informieren und es dann ausprobieren.

Hm, und wieso ist diese „trockene Sache" für Drinks interessant? Ach ja, alles was man dörren kann, ergibt eine perfekte Garnitur.

SCHÄUME/ESPUMA HERSTELLEN

Um diverse Schäume oder Espuma (spanisch für „Schaum") herzustellen, benötigen Sie einen Sahne-Syphon und die passenden Kapseln (N_2O-Kartuschen), und Sie können loslegen mit dem Aufschäumen.

Mit der Beigabe von Eiweiß oder auch Agar-Agar (ein pflanzliches Geliermittel) zur Flüssigkeit wird die Stabilität des Schaumes nochmals verstärkt. Abgestimmt auf den Drink auf jeden Fall ein Hingucker.

SOUS-VIDE-GAREN

Durch das Vakuumgaren werden Aromen extrahiert – die perfekte Aromen-Explosion auch für einen Drink! Denn diese Art der Aromengewinnung ist von der Küche an die Bar gewandert und in unseren Augen eine hervorragende Art, um Drinks bzw. den Grundstock für einen Drink herzustellen. Natürlich muss man sich einlesen und ausprobieren, aber wo muss man das nicht? Und es lohnt sich!

KARBONISATION

Karbonisation bedeutet das Zusetzen von CO_2 zu einem Drink, um ihm einen Kick mit Kohlensäure zu geben bzw. ihn noch erfrischender zu machen. Geht blitzschnell z. B. mit dem Perlini System (siehe Seite 12).

FOODPAIRING

Ebenfalls ein Tool, mit dem wir sehr gerne arbeiten. Es wurde von Köchen entwickelt, wurde auf die Bar übertragen und wird weltweit genutzt. Foodpairing ist ein Internet-Tool, mit welchem jeder Nutzer gewünschte Aromen suchen oder neue einstellen kann und diese weiter erforschen bzw. auf Neues stoßen kann.
Website: www.foodpairing.com.

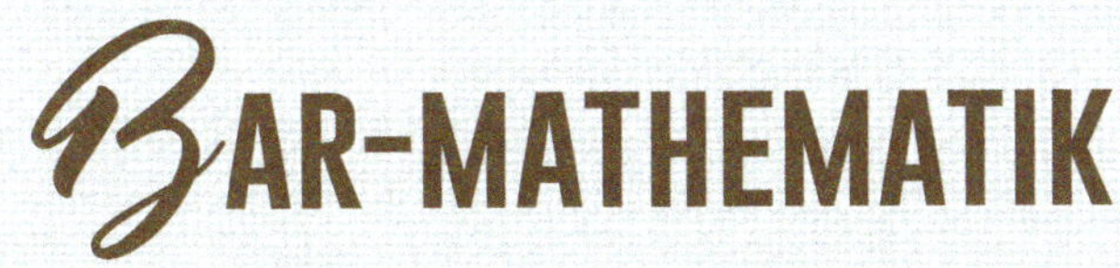

Bar-Mathematik

UMRECHNUNG VON MAẞEINHEITEN

Milliliter/ml	Centiliter/cl	Deziliter/dl	Liter	OZ
10 ml	1 cl	0,1 dl	0,01 l	
20 ml	2 cl	0,2 dl	0,02 l	
100 ml	10 cl	1 dl	0,1 l	
15 ml	1,5 cl			½ oz
30 ml	3 cl			1 oz

Bei den Angaben in oz (amerikanische Flüssigunzen) können minimale Abweichungen auftreten.

UMRECHNUNG VON BARMAẞEN IN MAẞEINHEITEN

Barmaß	Entspricht Maßeinheit
Barlöffel	0,5 cl
Esslöffel	1,5 cl
Jigger	45 ml/4,5 cl/1,5 oz
Cup	24 cl/8 oz
Pony	3 cl/1 oz
Split	18 cl/6 oz
Dash	Spritzer
Splash	1,5 cl
Shotglas	20/40 ml, 2/4 cl, 0,2/0,4 dl

ABKÜRZUNGEN IN DEN REZEPTEN

Bl Barlöffel
cl Zentiliter
ds Dash
g Gramm
l Liter
ml Milliliter

Schwarzwald

Finster ist der Schwarzwald und licht sind seine Aussichten. Als Tourismus-Region schien er ein wenig in die Jahre gekommen zu sein. Doch die Region hat nur „geruht", um uns jetzt ihr verjüngtes frisches Gesicht zuzuwenden. Putzmunter wird mit den Klischees von Bollenhut und Kuckucksuhr gespielt. Altes wird von den Jungen wiederentdeckt und so werden flugs aus traditionellen Spezialitäten wie Schwarzwälder Kirschwasser und Himbeergeist hippe Szenedrinks.

Kuckucksuhr, Bollenhut, dunkle Tannen und Schwarzwälder Kirschtorte … Fast sieht man den Schwarzwald vor lauter Klischees nicht. Das muss für die Region kein Schaden sein, eher im Gegenteil. Klischees sind eine Chance, sie liefern Bilder im Kopf und sind mögliche Anknüpfungspunkte für ein geschicktes Regional-Marketing. Man kann dort ansetzen, um dann mehr von der Region zu zeigen.

Der Schwarzwald ist tatsächlich eine Region, die es in sich hat, neuerdings sogar einen Nationalpark, der jüngste in Deutschland und der erste im Südwesten. „Eine Spur wilder“, so ist sein Slogan, der auf die künftigen Urwälder verweist. Durchaus für sich genommen schon attraktiv, die Wildnis. Doch was den Schwarzwald besonders anziehend macht, ist die enge Verzahnung zwischen Wildnis, Wald und Kulturlandschaft.

Überragt von Deutschlands höchstem außeralpinem Gipfel, dem Feldberg. Hier findet man idyllische Dörfer, umgeben von Wald, Wiesen, Obst- und Weinbau. Von hier, den dem Rhein zugewandten Hängen, kommt der badische – „von der Sonne verwöhnte Wein“ – ebenso wie das Schwarzwälder Kirschwasser. Auch so ein Klischee, aber sollen wir darüber schimpfen …? Eher nicht, man kann daraus auch Marken formen.

IMAGE IM WANDEL

Diejenigen, die das Schwarzwälder Kirschwasser ebenso wie den Schwarzwälder Himbeergeist als geografische Herkunftsbezeichnung schützen ließen, haben das begriffen. Gut, vielleicht ließe sich das Image des Schwarzwald, auch die Klischees, noch ein wenig mehr entstauben. Aber das kommt, das ist in Arbeit. Damit beschäftigen sich viele engagierte kreative Köpfe, seit langem schon die Gastronomen.

Im Schwarzwald kann man an vielen Orten sehr gut essen, vielfach auch ausgezeichnet: Das kleine Baiersbronn mit nicht einmal 15 000 Einwohnern darf sich mit acht (!) Sternen für drei Gaststätten schmücken. Einzigartig auf der Welt! Die New York Times nannte das Dorf schon „Welthauptstadt der Restaurants“.

NEUE AKTEURE

Zu den renommierten Köchen wie Harald Wohlfahrt treten neue Namen hinzu, die den Ruf des Schwarzwaldes als Gourmet-Region in die Welt tragen, zum Beispiel die Männer, die hinter dem Erfolg des Schwarzwälder Dry Gin, dem Monkey 47, stehen. Alexander Stein und Christoph Keller türmen in der hinter dem Gin stehenden Story liebevoll Schwarzwälder Klischees auf und mixen sie munter mit britischer Kolonialgeschichte. Apropos mixen: Die Schwarzwald Bar Brigade mischt und mixt da auch an vorderster Front mit. Dieses Buch ist der anschauliche Beweis.

Hat man nicht selbst genügend Bilder im Kopf, wenn der Begriff „Schwarzwald“ fällt? Schon, doch sollte man sich nicht zu sehr auf sie kaprizieren, um sich einen unverstellten Blick auf diese Region zu bewahren. Wobei die bekannten Bilder durchaus auch als Ausgangspunkte für eine neue Bilderreise taugen könnten.

DORT, WO OBST ZU *edlen Bränden* VERGOLDET WIRD

Zwei Produktlinien stehen für das Selbstverständnis der Brennerei Scheibel. „Alte Zeit" und „Neue Zeit". Bei Ersterer wird der Brennkessel über ein offenes Holzfeuer beheizt. Fast vollständig mit Ziegeln ummauert, erinnern diese Anlagen eher an Brennöfen als an einen Brennhafen. Michael Scheibel, der das Familienunternehmen in dritter Generation führt, schwört auf die Ergebnisse: „Die ‚Alte-Zeit -Brände leben von kleinen Zufällen, die die Sache spannend machen, da ist kein Brand wie der andere." Heraus kommen Brände mit einem individuellen, auch eigenwilligen Charakter, kein Massenprodukt für den Supermarkt.

Exklusiv sind auch die Destillate, die unter der „neuen zeit" firmieren. Bei ihr „wollen wir die Aromatik bis in die kleinsten Nuancen perfektionieren", sagt der Firmenchef. Das funktioniert auch auf eine einzigartige Weise: indem die drei Verstärkerböden der modernen Destillerie mit 22-karätigem Gold versehen sind. Am Ende der Destillation laufen die Destillate zusätzlich über ein goldenes Blatt aus dem Kühler. Mit dem Einsatz des Edelmetalls atmet die „neue zeit" auch etwas vom Geist der Alchemie.

WERTVOLLES OBST

Ein Stück Marketing steckt hinter beiden Produktlinien. Es geht ums „Storytelling", dem Kunden werden mit den Destillaten Brennerei-Geschichte und Geschichten angeboten, doch vor allem ausgezeichnete Qualität, von unabhängigen Juroren bestätigt. Noch einmal Michael Scheibel: „Dass wir beim Spirituosenwettbewerb ISW Goldmedaillen gewonnen haben, bestätigt unsere Ambition. Gold zu Gold!"

Rar wie das Edelmetall sind auch Scheibels Brände aus der Schatzkammer, einem Original-Tresor des Geldschrankwerkes Peltz aus Düsseldorf. Hier ruhen ganz besondere Jahrgangsdestillate wie ein Zitronengrasgeist oder ein Brand von der Wahlschen Schnapsbirne, limitiert auf jeweils einige Hundert mundgeblasene Karaffen. Es sind Raritäten in edler Aufmachung. Raritäten, die naturbedingt rar sind: naturbedingt, weil auch die Rohstoffe streng selektiert sind. Welchen Stellenwert die Ausgangsqualität des Obstes für die Qualität des Destillates hat, macht das Unternehmen deutlich, indem es im Firmenprospekt, der Eigendarstellung der Brennerei, einige Porträts der regionalen Obstlieferanten voranstellt: Für erstklassige Brände braucht man erstklassiges Obst! Und für erstklassiges Obst braucht man erstklassige Erzeuger von Kirschen, Pflaumen, Birnen, Nüssen und Zibärtle ...

WERTVOLLE BEZIEHUNGEN

Die Brennerei Scheibel weiß, was sie an ihren regionalen Lieferanten hat. Darum werden die Beziehungen zu ihnen auch gut und über lange Zeiträume gepflegt. Persönlich wie es gut zu einem Familienunternehmen passt. „Familiär" geprägt ist auch das Betriebsklima, dafür spricht Michael Scheibels Aussage: „Eines ist genauso wichtig wie gutes Ausgangsmaterial: die Qualität der Mitarbeiter. Alle arbeiten hier mit Herzblut und Leidenschaft. Wir bei Scheibel brennen darauf, etwas Gutes zu erzeugen!" Davon kann man sich als Genießer selbst überzeugen egal welche Produktlinie man bevorzugt. Ob für einen Likör aus der „Paradies"-Reihe, ob für ein holzfassgelagertes Destillat aus dem „Edlen Fass", ob aus der Linie „Alte Zeit" oder der „Neuen Zeit", man nehme sich die Zeit und die Muße, die zum Genuss notwendig ist.

Michael Scheibel steht für seine Brennerei. Er lässt aber lieber seine Brände für sich sprechen, die kann man auch nach einer Tour durch die Brennerei probieren. „Alte Zeit“ und „Neue Zeit“ bilden die Pole des Sortiments, anziehend sind beide, nahezu magnetisch für denjenigen, der sie einmal versucht hat. So ist denn Kappelrodeck mehr als einen Ausflug wert – oder man geht „mit der neuen Zeit“ und erwirbt die Schätze online …

Fifty FIVE

HAUPTPRODUKT
Woodka

GLAS
Tumbler

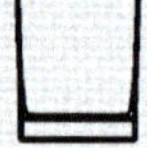

NEUGIER UND DIE SUCHE NACH NEUEN GESCHMACKSERLEBNISSEN TREIBEN UNS AN

Michael Scheibel

ZUTATEN
4 cl Woodka
1 cl Trockenfrüchtesirup homemade
10 cl Dry Tonic Water
Ardbeg 10, zum Zerstäuben

GARNITUR
Getrocknete Aprikose im Speckmantel auf Eichenholz

EIS
Mit Eiswürfeln serviert

WERKZEUG
Rührlöffel, Messbecher, Sprayflasche

ZUBEREITUNG

Gästeglas mit Eiswürfeln füllen und alle Zutaten hinzufügen.
Kurz umrühren und den Ardbeg für die Kopfnote on Top aufsprühen.

DES COCKTAILS KERN
Woodka ist, das lässt der Name schon vermuten, ein holzfassgelagerter Wodka. Dadurch kommt er nicht neutral, sondern mit vielfältigen Geschmacksnuancen daher, im Duft mit Mandel, Honig und Vanille, auf der Zunge zusätzlich mit Trockenfrüchten und Röstaromen.

Kopf NUSS

HAUPTPRODUKT
Walnussgeist Holzfass

GLAS
Cocktailkelch

FÜR DEN NUSSLER VERWANDELN WIR WALNÜSSE IN ECHTE GEISTESKUNST

Michael Scheibel

ZUTATEN

3cl	*Walnussgeist*
1,5cl	*Likör 43*
1cl	*Lime Cordial homemade*
5 cl	*Champagner brut*

GARNITUR
Walnuss in Vanille-Zucker karamellisieren mit Honig an Glas

EIS
Ohne Eis servieren

WERKZEUG
Rührglas, Barlöffel, Messbecher, Strainer, Pinzette, Bunsenbrenner

ZUBEREITUNG

Alle Zutaten in ein Rührglas geben, dieses mit Eiswürfel füllen und ca. 25 Sekunden kaltrühren dann in das vorgekühlte Gästeglas abseihen und mit Champagner auffüllen.

Am Glasrand mit einem Tropfen Honig die halbe Walnuss mit einer Pinzette fixieren, und mit einem Feuerzeug oder Bunsenbrenner kurz den Zucker karamellisieren.

DES COCKTAILS KERN

Im Walnussgeist von Scheibel vermählen sich Nuss- und Holzaromen auf eine wunderbar harmonische Weise. Das Holz begleitet die Nuss und dominiert es nicht. Wunderbar intensiv, intensiver noch als eine frische Walnuss.

AUS *Tradition* IMMER WIEDER INNOVATIV

„Das Beste zum Schluss". Mit diesem Slogan grüßte die markante Vierkantflasche von Schladerer über Jahre von der Rückseite der Gourmet-Magazine. Ein Spruch – und der Anspruch – nach außen formuliert, nach innen gelebt. Ein Obstbrand von Schladerer soll der krönende Abschluss eines guten Essens sein. Die Familie Schladerer tut alles dafür, dass Anspruch und Wirklichkeit eins werden, immer wieder, an jedem Werktag, seit über zweihundert Jahren.

EINE LANGE FIRMENGESCHICHTE

1813 begann Sixtus Balthasar Schladerer mit dem Brennen in Bamlach am Oberrhein, in der Nähe von Basel. 1844 fortgeführt von Sixtus Schladerer, der an den heutigen Unternehmenssitz nach Staufen zog, dort als Wirt der „Kreuzpost" wirkte und weiter brannte. Jede weitere Generation baute das Unternehmen aus und arbeitete an dem Ruf des „Schladerers". Dafür bürgen Wappen und Siegel der Familie auf der Flasche, dafür bürgt seit 1932 die Vierkantflasche selbst, die – auch dank vieler Nachahmer – schlechthin für Obstwasser aus dem Schwarzwald steht, regional, national und international. So heißt es auf der Webseite der Brennerei: „Die Entwicklung vom einfachen Bauernschnaps zur international anerkannten Markenspirituose ist nicht zuletzt Verdienst des Hauses Schladerer.

EINE LANGE FAMILIENGESCHICHTE

Dass auf diesem 200-jährigen Weg von der „Hobby-Brennerei" zu einer mittelständischen Verschlussbrennerei die Qualität nicht verloren ging, hat viele Gründe und einen Kern, um den sie sich gruppieren. Schladerer ist ein Familienunternehmen, das heißt, die Familie fühlt sich der Qualität, der Tradition, der heimatlichen Region, dem Erhalt der heimischen Kulturlandschaft und den Obstlieferanten, die diese kultivieren und erhalten, verpflichtet. Ein Netz von persönlichen Erlebnissen und Beziehungen also, die das Unternehmen an die Qualität binden. Das Herz der Familie hängt an der Region, ihren Rohstoffen, dem Obst, den heimischen Spezialitäten, zu denen sie mit ihren Bränden und Geisten einen guten Teil beisteuert.

ALTES HANDWERK UND NEUE TECHNIK

Schladerers Destillate beruhen trotz der Größe des Unternehmens nach wie vor auf einer handwerklichen Vorgehensweise: „Obwohl auf der ganzen Welt geschätzt und genossen, sind Schladerer-Obstbrände doch keineswegs industriell gefertigte Produkte. Das weiß jeder, der schon einmal seinen Fuß in unsere Brennerei gesetzt hat: Denn hier herrscht wie auch vor zweihundert Jahren das gute alte, von Menschen geprägte Handwerk vor – in etwas größerem Stil, der aber konkrete Vorteile bietet. So setzen wir beispielsweise zur Verarbeitung mancher Obstsorten wie der Mirabelle eine Zentrifuge ein, die das Fruchtfleisch vollends von Stiel und Kernen befreit, um später ein möglichst reines Fruchtaroma zu erzielen – eine Technik, die kleinen Brennereien oft verwehrt bleibt. Das ist eine aromaschonende Technik, die bei der Vergärung von Weißweintrauben gang und gäbe ist, aber von Brennern – auch in diesem Fall wegen der Unternehmensgröße – selten verwendet wird. Man sieht: Bei aller Betonung der Tradition, die Familie ist offen für Innovation, auch bei den Produkten. Das zeigt sich auch durch die Beteiligung an der Kreation des ersten deutschen Wermuts, dem Belsazar, der seit seinem ersten Auftritt im Jahr 2014 für Furore sorgt. Kommt also „das Beste zum Schluss?" Ja und nein, bei Schladerer kann man sich auf eine Fortsetzung der seit 1844 gepflegten Innovationen freuen. Dafür steht Philipp Schladerer, der seit 2010 das Unternehmen in sechster Generation führt."

Schladerer ist eine alte Brennerei mit einem jungen Chef. Philipp Schladerer baut bewusst auf der Familientradition auf und ebenso bewusst Innovationen ein. In einem Sprichwort heißt es „Tradition heißt nicht, die Asche aufzubewahren, sondern die Flamme weiterzugeben." Zu diesem Spruch passen doch die Bilder, auf denen Domenico Termine Philipp Schladerer einen im Wortsinn feurigen Cocktail serviert, oder?

HAUPTPRODUKT
Wildschlehe

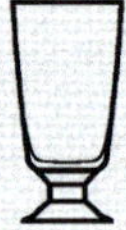

GLAS
Irish Coffee Glas/ hitzebeständiger Cognac-Schwenker

ZUTATEN

5 cl	*Wildschlehe*
1 cl	*Amaretto*
2 ds	*Orange Bitters*
2 cl	*Sipsmith V.S.O.P.*
2 cl	*Hot Water*

GARNITUR
Amarettini

EIS
Ohne Eis serviert

WERKZEUG
Stövchen oder Bunsenbrenner

GUT ZU SEIN IN DEM WAS MAN TUT, HEISST MEHR ANZUBIETEN ALS DAS EIGENTLICHE PRODUKT

Philipp Schladerer-Ulmann

ZUBEREITUNG

Der geübte Barkeeper wirft den Drink brennend im „Blue Blazer Style“ wie einst Jerry Thoma, alle anderen benutzen am besten ein Stövchen oder einen Bunsenbrenner, um die Zutaten direkt im Gästeglas zu erwärmen. Aber Vorsicht, nicht verbrennen!

DES COCKTAILS KERN

Die Mandeltöne des Amaretto passen zum Steinton der Schlehe, aber unterdrücken nicht ihre Fruchtaromen, die erst ein harter Frost in den Früchten freigesetzt hat.

Kirsch BLÜTE

HAUPTPRODUKT
Kirschwasser

GLAS
Coupette

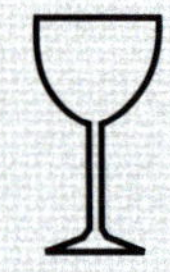

DIE FRUCHT UND NICHTS ALS DIE FRUCHT

Philipp Schladerer-Ulmann

ZUTATEN

- *3 cl Schladerer Kirschwasser*
- *3 cl Pisco*
- *2 cl frischer Zitronensaft*
- *1,5 cl Hibiskus Grenadine*
- *2 ds Orange-Flower-Water*

GARNITUR
Kirschblüte am Stiel

EIS
Eiswürfel zum Shaken
Ohne Eis serviert

WERKZEUG
Shaker, Strainer, Messbecher

ZUBEREITUNG

Alle Zutaten in den Shaker geben, mit Eiswürfeln füllen und ca. 10 - 15 Sekunden shaken, in das vorgekühlte Gästeglas abseihen, das zuvor mit dem Kirschblüten-Zuckerrand versehen wurde.

DES COCKTAILS KERN

Aromatisch kreist ein Kirschwasser um die Schwerpunkte „Frucht“ und „Stein“, in diesem Cocktail noch ergänzt um die Idee der Blüte, optisch durch die Dekoration, geschmacklich durch Hibiskus und Orangenblütenwasser.

GINVOLLE *Geschichte* (N)

Die Geschichte vom Schwarzwälder Affen, dem Monkey 47, ist schnell erzählt. Er selbst verbreitet sie und rührt die Werbetrommel über die Homepage, die als „Monkey Drum“ daherkommt: Ein ehemaliger britischer Besatzungsoffizier namens Montgomery Collins, im Schwarzwald zum Gastwirt des von ihm so genannten Gasthofes „Zum Wilden Affen“ mutiert, soll die Rezeptur erfunden und in ihr 47 Zutaten aus fernen Kolonien und dem nahen Schwarzwald vermählt haben. Nach seinem Tod wurde dieses Rezept gefunden und dem Monkey neues Leben eingehaucht.

DER AFFE HAT ZWEI VÄTER

Eine stimmige Geschichte, doch ob sie stimmt? Darüber darf spekuliert werden, und das ist auch im Sinne der Macher, denn was als Gesprächsstoff in aller Munde ist, ist es auch leicht als Getränk ... Die Macher sind Alexander Stein, ehemaliger Manager bei Nokia und Spross einer Weinbranddynastie, und sein Brenner, Christoph Keller, bekannt als vielfach prämierter Brenner der Stählemühle (siehe auch Seite 166). Der Erfolg hat hier also zwei Väter und ganz, ganz viele Gründe. Da ist zunächst und zuallererst die Qualität, nicht umsonst hat sich Alexander Stein Christoph Keller ins Boot geholt, bekannt als Qualitätsfanatiker und „Geschmackstüftler“. Die Herausforderung, im Schwarzwald einen Gin zu schaffen, der das britische Vorbild nicht nur herausfordert, sondern womöglich noch überflügelt, hat Christoph Keller sicherlich gereizt. Er hat sich der Aufgabe gestellt – und sie mit Bravour gelöst. 2010 kam der Monkey auf den Markt, gleich im Jahr darauf ging er als Sieger, ja als „Weltmeister“ vom Feld. In London wurde der Monkey 47 auf der IWSC mit der Auszeichnung „Gold Best in Class“ ausgezeichnet. Die International Wine and Spirits Competition ist einer der größten Spirituosenwettbewerbe weltweit. 2011 waren für Wein und Spirituosen 5000 Einsendungen aus 50 Ländern am Start. Alexander Stein zeigte sich überwältigt: „Hier in London, der Heimat des London Dry Gin, mit einem Schwarzwald Dry Gin als erster deutscher Gin überhaupt Weltmeister zu werden – für uns ist das ein bisschen wie ein Sieg im Wembley-Stadion.“ Und da blitzt wieder ein weiterer Erfolgsfaktor auf, das geschickte Anknüpfen an Geschichte, Geschichten und Legenden, ihr Weiterspinnen und Forterzählen und ihre Verknüpfung mit dem Produkt. Ja, die Geschichten werden sozusagen „aus dem Produkt heraus“ erzählt. Die Rezeptur, das Mixen der verschiedenen Zutaten aus dem Schwarzwald, Großbritannien und dem fernen Indien, wurde – der Legende nach – nicht allein wegen des Geschmacks kreiert, sondern weil die entfernt liegenden Gegenden durch die Weltläufigkeit von Montgomery Collins miteinander verknüpft sind.

... UND 47 ZUTATEN

Preiselbeeren und Fichtensprossen aus dem Schwarzwald, Ingwer und Zimt vom indischen Subkontinent, Zitronen aus Süditalien, Muskat, Gewürznelken, Koriander, Piment, Kardamom, Holunderblüten, eine Weltreise in und aus der Flasche. Viele andere Elemente, nicht zuletzt die Verpackung, die alte Apotheker-Flasche, die Umverpackung aus Holz, die einer Kiste aus Kolonialtagen gleicht, sind ebenfalls Teile desselben Erzählstrangs. Eine Geschichte, die globale und regionale Elemente verknüpft, sie damit universell verständlich macht und den Monkey damit auch global erfolgreich. So erfolgreich, dass er 2016 an die Gruppe Pernod Ricard verkauft worden ist, um das Vertriebsnetz der Nr. 2 auf dem Spirituosen-Weltmarkt nutzen zu können. Die „Seele“ des Monkey soll jedoch nicht zur Disposition und erst recht nicht zum Verkauf gestanden haben. Es ist vertraglich festgelegt, dass auch künftig der Monkey aus dem Schwarzwald kommt. Der Schwarzwälder Affe bleibt daheim und geht doch auf Weltreise.

Der Monkey und sein „Schwarzwald Dry Gin“ ist erst mit der Errichtung der Brennerei in Loßburg im Schwarzwald heimisch geworden. Vorher kam der Gin aus dem Hegau, der Stählemühle von Christoph Keller. Nun aber weht der Geist des Monkey aus der „Kathedrale der Destillation“, wie Alexander Stein die neue Brennanlage mit vier hoch aufragenden Kolonnen nennt, die – wie passend – Namen von Affen tragen.

GIB DEM AFFEN *Zucker*

HAUPTPRODUKT
Schwarzwald Dry Gin

GLAS
Coupette

DIE GRÖSSTE HERAUSFORDERUNG IST ES, NICHT DEN VERLOCKUNGEN DES MARKTES ZU ERLIEGEN

Alexander Stein

ZUTATEN
4,5 cl Monkey 47 Schwarzwald Dry Gin
2 cl Bananenlikör
2 cl frischer Limettensaft
1 gehäufter Bl Schokozucker (2 Teile Zucker 1 Teil feines Schokopulver)

GARNITUR
Curry-Orangen-Zucker-Rand, dazu Bananenchips

EIS
Eiswürfel zum Shaken
Ohne Eis serviert

WERKZEUG
Shaker, Strainer, kleine Platte oder Unterteller

ZUBEREITUNG

Alle Zutaten in den Shaker geben, mit Eiswürfeln füllen und ca. 10 - 15 Sekunden kräftig shaken. Mit der Double-Strain-Methode die Zutaten in das vorgekühlte Gästeglas abseihen.

Den Glasrand des Glases vorab mit einer Scheibe der Limette anfeuchten und das Glas kopfüber in den auf einer kleinen Platte oder einem Unterteller verstreuten Curry-Orangen-Zucker tauchen.

DES COCKTAILS KERN

Des Cocktails Kern ist hier der Monkey, um den sich feine Legenden ranken. Darauf spielen Bananenlikör und Bananenchips an, ebenso wie der Curry-Zucker-Rand. Der ohnehin großen Komplexität des Gins mit den 47 Zutaten werden hier noch weitere stimmige Facetten hinzugefügt.

SMOKEY *Monkey*

HAUPTPRODUKT
Sloe Gin

GLAS
Coupette

WIR BRENNEN NUR IN EINEM BESTIMMTEN ZEITRAUM

Alexander Stein

ZUTATEN
5 cl Sloe Gin
3 cl Wermut-Cordial

GARNITUR
Keine

EIS
Eiswürfel zum Kaltrühren
Ohne Eis serviert

WERKZEUG
Rührglas, Smoking Gun

ZUBEREITUNG

Alle Zutaten in ein Rührglas geben, mit Eiswürfeln füllen und ca. 30 Sekunden kaltrühren.

Ein bereits vorgekühltes Coupette-Glas per Smoking-Gun mit Weidenrinden-Rauch aromatisieren und in dieses den Drink abseihen.

DES COCKTAILS KERN
Wie Phönix aus der Asche stehen hier die Schlehen- und Ginnoten des Sloe Gins aus dem Cocktail auf. Der Wermut-Ansatz erdet sie wieder.

DIESE *Konfitüren* WISSEN ZU GEFALLEN – AUCH IN FLÜSSIGER FORM

Zum Schwarzwald fallen einem viele positiv besetzte Klischees ein: Zu Bollenhut und Kuckucksuhr gesellen sich fast auch die Konfitüren der Familie Faller, so populär sind sie. Rund 80 Mitarbeiter sorgen in der Schwarzwald-Ortschaft Utzenfeld dafür, daß köstliches Obst zu ebenso köstlichen Konfitüren veredelt und an die anspruchsvolle Kundschaft gebracht wird: Klassische Sorten wie Erdbeere, Erdbeer-Rhabarber, Himbeere oder Sauerkirsch genauso wie „Zwetschge mit Lebkuchengewürz“ oder „Williams Christbirne mit Zimt“.

BETONUNG DER TRADITION

Mit dem Schwarzwaldhaus im Logo, der altdeutschen Schrift, der Deckelverkleidung aus Stoff und dem Verweis auf das Gründungsdatum 1913 wird schon in der Aufmachung der Produkte die Tradition betont. Das sind keine Äußerlichkeiten, die Verpackung spiegelt die inneren Qualitäten wider. Als Manufaktur, also als Unternehmen, wo Vieles „von Hand gefertigt“ wird, firmiert man und in der Tat steckt in den Fruchtaufstrichen viel Handwerk drin und nicht zuletzt auch viel regionales Obst. Natürlich kommen die Orangen für das Gelee nicht aus Baden-Württemberg, auch nicht vom sonnenverwöhnten Kaiserstuhl. Für die Tropenfrüchte wie die Maracuja, die zu Pfirsich-Maracuja-Konfitüre verarbeitet wird, reicht das dortige „submediterrane“ Klima auch noch nicht, aber doch für beste Erdbeeren, Zwetschgen und Kirschen. Die „badische Schwarzkirschen-Konfitüre extra“, ein Klassiker im Programm, trägt denn auch ihre Herkunft im Namen. Die kurzen Transportwege aus dem Kaiserstuhl oder auch dem Markgräfler Land kommen der Fruchtqualität zugute – das schmeckt man auch in den Konfitüren.

HANDWERKLICH ERZEUGTE AROMENKONZENTRATE

Das passt zu Fallers Qualitätsanspruch: kein Aromaverlust – von der rohen Frucht bis zur gekochten Konfitüre. Der Anspruch könnte im Gegenteil sogar eher so formuliert werden: kein Verlust an Geschmack, sondern eine Anreicherung. So kommen Fallers Konfitüren als Aromen-Konzentrate daher, als puristische Frucht-Konzentrate. Allein Zucker, Fruchtpektine zum Gelieren und Zitronensäure zur Abrundung werden hinzugesetzt, bei entsprechend gekennzeichneten Produkten auch hochwertige Gewürze.

Die Qualität hat ihren Ursprung in der Qualität der verarbeiteten Früchte. Sie bleibt durch die schonende Verarbeitung in den kleinen offenen Kupferkesseln bewahrt, darin werden die Früchte langsam erhitzt, von Hand gerührt „und nicht geschüttelt“. Liegt da nicht der Gedanke an einem guten Cocktail nahe? Doch. Die Schwarzwald Bar Brigade macht mit ihren Cocktails „Badische Revolution“ und „Waldspaziergang“ die schmackhafte Probe aufs Exempel.

Wie man auf dem Foto von Firmen-Chef Thomas Faller (rechts) sehen kann, eine Probe, die ankommt und schmeckt. Aufgenommen wurde das Foto in „Fallers Konfitürenwelt“, Ausgangs- und Endpunkt der Führungen durch die Produktion, wo man sich persönlich mit allen Sinnen von der Vielfalt und Qualität der Produkte überzeugen kann.

Faller Konfitüren schmecken nicht nur auf dem Brot. Ihre Vielseitigkeit und ihren geschmacklichen Reichtum bringen sie auch gerne in fruchtige Cocktails ein. Hier gehen die Aromenkonzentrate in einem größeren Ganzen auf, ohne sich darin zu verlieren. Die handwerkliche Fertigung schmeckt man hier wie dort. „Manufaktur" nennt sich das Familien-Unternehmen nicht von ungefähr.

BADISCHE *Revolution*

HAUPTPRODUKT
Badische Schwarzkirsch

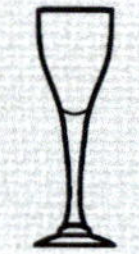

GLAS
Nick & Nora-Glas

ZUTATEN

4 cl	*Revolte Rum*
3 Bl	*Konfitüre*
2 cl	*frischer Limettensaft*
2	*Langschwanz-Schokoladenpfeffer*

GARNITUR
Als Side Dish Käsebrot

EIS
Eiswürfel zum Shaken
Ohne Eis serviert

WERKZEUG
Stößel, Shaker, Barsieb, Fine-Strainer

FRISCHE SCHWARZKIRSCHEN WERDEN IM OFFENEN KUPFERKESSEL GEKOCHT UND VON HAND GERÜHRT

Thomas Faller

ZUBEREITUNG

Konfitüre im Shaker muddeln, alle Zutaten bis auf den Pfeffer zugeben, den Shaker mit Eiswürfeln füllen und ca. 10 - 15 Sekunden kräftig shaken.
Mit der Double-Strain-Methode die Zutaten in das vorgekühlte Gästeglas abseihen.
Den Schokoladenpfeffer darüber mahlen.

DES COCKTAILS KERN

Badische Schwarzkirschmarmelade und Revolte Rum entfachen im Glas eine Revolution, angefeuert von Limette und Langschwanz-Pfeffer. „Runter vom Brot, rein ins Glas" heißt es für die Konfitüre, die mit ihrer Süße und dunklen Fruchtigkeit die wilden und hitzigen Aromen mäßigt.

Wald SPAZIERGANG

HAUPTPRODUKT
Waldfrucht

GLAS
Coupette

WIR KONSERVIEREN DAS AROMA DES SCHWARZWALDS IN UNSEREN KONFITÜRENGLÄSERN

Thomas Faller

ZUTATEN
450 g Waldfrucht-Konfitüre
400 ml Korn
50 ml frischer Zitronensaft

GARNITUR
Keine

EIS
Ohne Eis serviert

WERKZEUG
Thermomix

ZUBEREITUNG

Alle Zutaten in einen Thermomix geben und ein paar Sekunden mixen.

Den Waldspaziergang kann man je nach gusto genießen: pur 4 - 5 cl mit Schaumwein oder Tonic Water auffüllen oder als Grundlage für ein Sorbet.

DES COCKTAILS KERN

So wie Brot und Marmelade sich zu einer Stulle zusammenfügen, so finden sich hier Korn und Konfitüre für den „Waldspaziergang". In ihm erleben wir ein Picknick im Grünen mit roten Früchten und klarem Korn. Die Zitrone lässt dazu die Sonne scheinen.

ROTE *Liebe*

HAUPTPRODUKT
Belsazar Red

GLAS
Tumbler

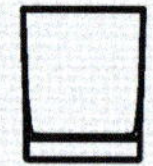

EIN GUTER REBENSAFT IST DIE BASIS EINES JEDEN GUTEN WERMUTS

Maximilian Wagner

ZUTATEN
4 cl Belsazar Red
2,5 cl Revolte Overproof (Banks white)
2 cl Gran Classico Bitter

GARNITUR
Grapefruitzeste

EIS
Eiswürfel zum Shaken
Mit einem Eiswürfel serviert

WERKZEUG
Rührglas, Barlöffel, Strainer

ZUBEREITUNG

Dieser Drink ist eine Abwandlung der Klassikers Negroni und wird auch genauso zubereitet.

Alle Zutaten in ein Rührglas geben, mit Eiswürfeln füllen und ca. 30 Sekunden kaltrühren, dann in das vorgekühlte Gästeglas mit dem Eiswürfel abseihen.

DES COCKTAILS KERN
Der Belsazar basiert auf hochwertigen Grundweinen aus dem Markgräflerland und dem Kaiserstuhl, badisch ist auch das Know-how, das Schladerer mit seinen Obstbränden und Mazeraten hinzufügt. Von Haus aus schon komplex, braucht der Wermut-Cocktail nicht viele weitere Zutaten.

MR. Elegance

HAUPTPRODUKT
Belsazar White

DIE BESTEN NÄCHTE SIND DIE, DIE EINFACH PASSIEREN

Belsazar-Philospophie

GLAS
Nick & Nora-Glas

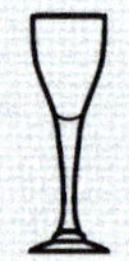

ZUTATEN
4 cl Belsazar White
3 cl Borgmann
1-2 Tropfen Absinth

GARNITUR
Keine

EIS
Eiswürfel zum Kaltrühren
Ohne Eis serviert

WERKZEUG
Rührglas, Barlöffel, Strainer

ZUBEREITUNG

Alle Zutaten in ein Rührglas geben, mit Eiswürfeln füllen und ca. 30 Sekunden kaltrühren, dann in das vorgekühlte Gästeglas abseihen.

DES COCKTAILS KERN
Der Belsazar White kommt fruchtig daher, hat aber als Wermut selbstverständlich auch Kräuternoten. An ihnen docken Borgmann und Absinth an, und so laufen hier die Kräuter auf der Zunge zu einer prächtigen Parade auf.

Kaiser FRANZ

HAUPTPRODUKT
Gold Weinbergpfirsich

GLAS
Coupette

ZUTATEN

4 cl	Weinbergpfirsich-Brand
1 cl	Plantation Jamaika 2002
1,5 cl	Rotwein Spätburgunder
2 cl	Creme de Cacao Weiß
2 cl	Sahne

GARNITUR
Keine

EIS
Ohne Eis serviert

WERKZEUG
Thermomix

EIN GUTER BRAND DUFTET REINTÖNIG UND WEIST AUF DIE VERARBEITETE FRUCHT HIN

Franz Wild

ZUBEREITUNG

Alle Zutaten in den Shaker geben, mit Eiswürfeln füllen und ca. 10 - 15 Sekunden shaken, in das vorgekühlte Gästeglas abseihen.

DES COCKTAILS KERN
Das Destillat mit Fruchtauszug ist eine wahre Aromabombe. Gemeinsam mit den übrigen Zutaten platzt sie förmlich am Gaumen: wilde Aromen aus Baden und den Tropen, ungezähmt.

ROT & *Wild*

HAUPTPRODUKT
Roter Weinbergpfirsich

GLAS
Tumbler

ZUTATEN
4,5 cl Roter Weinbergpfirsich
1,5 cl Holunderblütenlikör
1 Bl Lavendel-Honig
7 Blättchen Melisse
2,5 cl frischer Zitronensaft

GARNITUR
Olivensalz on Top

EIS
Mit einem Ice Cube serviert

WERKZEUG
Shaker, Strainer, Fine-Strainer, Messbecher

DIE QUALITÄT EINES EDELBRANDES STEHT UND FÄLLT MIT DER QUALITÄT DES VERWENDETEN ROHSTOFFES

Franz Wild

ZUBEREITUNG

Alle Zutaten in den Shaker geben, mit Eiswürfeln füllen und ca. 10 - 15 Sekunden shaken, in das vorgekühlte Gästeglas mit Eiswürfel doppelt (Fine-Strain) abseihen.

DES COCKTAILS KERN
Transparente klare Fruchtaromen zeichnen diesen Pfirsichbrand aus. Klar, aber nicht farblos! Die übrigen Zutaten lassen den Pfirsich dann richtig „aufblühen“. On Top, aber mehr als nur Dekoration: das Salz, das als Geschmacksverstärker wirkt.

HOW TO DRINK WHISKY
Rum Drinks & Havanas
(E)Y LEXIKON
AILIAN
UCH DER BAR
TATT
RINKS & SORBETS
Edition Fackelträger
AKE
Brände & Liköre handgemacht & hochprozentig
OBSTBRÄNDE & CO.
KOMET
THE BAR
THE PDT
STEPHAN GALL
THE LIFE
UMSCHAU
Bassermann
STEPHAN HINZ
COC
MATTHAES

Glüh BIRNE

HAUPTPRODUKT
Williams Christ mit Birne

GLAS
Coupette

WIR VERWENDEN NUR HEIMISCHE, AUF DEM EIGENEN HOF ANGEBAUTE FRÜCHTE

Helmut Danner

ZUTATEN
5 cl Birne
2 cl Belsazar White
2 ds Choclate Bitter
Roquefort Käse 1 × 2 cm

GARNITUR
1 Praline Roquefort Käse mit Schokopulver bestäubt, auf einem Holzlöffel serviert

EIS
Ohne Eis serviert

WERKZEUG
Shaker, Strainer, Fine-Strainer

ZUBEREITUNG

Alle Zutaten shaken und doppelt über den Fine-Strainer ins Gästeglas abseihen.

DES COCKTAILS KERN
Aus den klassischen Zweiklängen „Birne und Roquefort" und „Birne und Schokolade" wird hier ein neuer Dreiklang komponiert. Die süße Fruchtigkeit des Birnenbrandes fügt ihn zu einem harmonischen Ganzen zusammen.

DANNER *Wetter*

HAUPTPRODUKT
Riesling Tresterbrand

UNSERE EDLEN TROPFEN WERDEN IM EIGENEN BRENNHÄUSLE GEBRANNT

Helmut Danner

GLAS
Weckglas

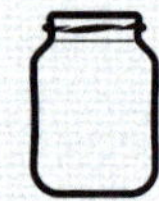

ZUTATEN

5 cl	*Trester*
5 cl	*Tomatensaft*
1,5 cl	*frischer Zitronensaft*
1 cl	*Zucker*
3	*Pfefferkörner*

GARNITUR
Garnele, Thymian, Kirschtomate

EIS
Ohne Eis serviert

WERKZEUG
Stössel, Shaker, Strainer, Fine-Strainer

ZUBEREITUNG

Pfeffer muddeln (zerstoßen), Zutaten samt dem Thymianzweig für die Dekoration shaken, den Zweig entfernen und den Drink ins Glas schütten.

Die Garnele und Kischtomaten in einer kleinen Pfanne mit etwas Olivenöl anbraten und dann als Garnitur zusammen mit dem Thymian zu dem Drink servieren.

DES COCKTAILS KERN

Der Tresterbrand hat würzige, krautige Noten. Er besitzt genügend Rückgrat, um die starken Aromen von Tomate und Thymian stützen zu können.

LA *Paloma*

HAUPTPRODUKT
Zwetschgenbrand

GLAS
Longdrink

ZUTATEN
4 cl Zwetschgenbrand
1 Bl Mezcal
10-12 cl Paloma Limonade
Kardamom on Top

GARNITUR
Kardamom

EIS
Mit Eiswürfeln serviert

WERKZEUG
Barlöffel, Mörser

WIR LIEBEN JEDE EINZELNE FRUCHT – DAS SCHMECKT MAN AM AROMA

Stefan Marder

ZUBEREITUNG

Gästeglas mit Eiswürfeln füllen, Zwetschgenbrand dazugeben dann mit der Limonade auffüllen. Den Mezcal in einen Barlöffel gießen und über den Drink floaten. Kardamom mörsern und über den Drink streuen.

DES COCKTAILS KERN

Zimtnuancen bringt der Zwetschgenbrand von Haus aus mit, Kardamon ergänzt sie stimmig, ebenso wie die Raucharomen des Mezcal. Gemeinsam meistern sie die Herausforderung durch die bittersüße Limonade!

THE WORLD
IS A
COCKTAIL.

LA Cerise

HAUPTPRODUKT
Kirsch-Cuvee Holzfass

FÜR EINE FLASCHE DESTILLAT BENÖTIGEN WIR CIRCA 20 KILO PERFEKT GEREIFTE KIRSCHEN

Stefan Marder

GLAS
Schwenker

ZUTATEN
5,5 cl Kirsch-Cuvée
1,5 cl Ahornsirup
2 ds Pimento Bitters
Ice Ball, mit 4 ds TBT Wood Bitters gefrostet

GARNITUR
Kirschen

EIS
Mit Ice Ball serviert

WERKZEUG
Rührglas, Barlöffel, Strainer, große Pinzette

ZUBEREITUNG

Alle Zutaten in ein Rührglas geben, mit Eiswürfeln füllen und ca. 30 Sekunden kaltrühren.
Den Ice Ball mit der Pinzette in das Gästeglas geben und die Zutaten darüber abseihen. Das Glas muss in diesem Fall nicht vorgekühlt sein.

DES COCKTAILS KERN
Durch die Cuvée erhöht sich die Komplexität der Kirscharomen im Brand, gemeinsam trumpfen Wildkirsche, Brenn- und Sauerkirsche auf. Das Holz tritt zurück, Vanillenoten sucht man vergebens. Der Ahornsirup springt hier in die Bresche, zusätzlich akzentuiert durch die vielschichtige Schärfe des Piment.

Rheintal Kaiserstuhl

Es ist etwas Wahres daran, dass hier im Rheintal, am Kaiserstuhl und den Schwarzwaldhängen, der Aufstieg Baden-Württembergs zu einer Gourmet-Region ersten Ranges ihren Anfang nahm. Hier tauchten in den 1960er-Jahren die ersten Sterne-Restaurants auf, hier wurde der Wein schon trocken ausgebaut, als man anderswo noch bevorzugt die liebliche Schiene fuhr. Von den Vorreitern von einst profitieren heute ihre Nachfolger und wir als Feinschmecker, auch hinsichtlich der Destillate!

Der Rhein grenzt Baden-Württemberg nach Süden und Westen ab. Nach Osten hin überragt der Schwarzwald das Flusstal, nach Westen die Vogesen, dazwischen der Oberrheingraben. Er zählt zu den wärmsten Regionen Deutschlands. Durch die Burgundische Pforte strömt von der Rhône her mediterrane Warmluft ein, und mit ihr macht sich von Freiburg bis Karlsruhe auch ein fast mediterranes Lebensgefühl breit. Was selbst norddeutsche Hanse-Städte in Touristenprospekten nicht selten für sich reklamieren, hier trifft es zu, belegt durch meteorologische Daten und durch eine Flora und Fauna, die es in dieser Ausprägung kaum anderswo in Deutschland gibt. Das gilt besonders für den Kaiserstuhl: Fast wie ein Monolith ragt dieser Vulkanstumpf aus dem Tal empor, bedeckt von mächtigen Lössstufen. Hier fühlen sich die prächtigen Bienenfresser und Smaragdeidechsen genauso wohl wie Diptam oder Flaumeiche, also eine Fauna und Flora, die ansonsten nur in den wärmeren Regionen Europas zu finden sind.

BURGUNDISCHER WEIN

Eine ideale Region für Wärme liebende Arten also, daher gedeihen hier auch wärmebedürftige Kulturpflanzen prächtig, der Wein zuallererst. Vielleicht auch dank der burgundischen Pforte mit anderen Rebsorten als anderswo in Deutschland, mit den ...? Burgundern! Spätburgunder, Grauburgunder und Weißburgunder wachsen hier, sie werden voluminös, doch trocken ausgebaut, gerne auch im Holzfass, und dies auch schon zu Zeiten, als das anderswo noch als Weinfehler galt. Auch geschmacklich schwimmt man also damit am Oberrhein erfolgreich gegen den Strom ...

Eine weitere Spezialität ist der Gutedel, der von der Schweiz her den Sprung über den Rhein ins Markgräfler Hügelland geschafft hat. Gut, Riesling gibt es auch hier am Oberrhein, in der Ortenau sucht man ihn allerdings vergebens, wenn man nicht weiß, dass er hier Klingelberger heißt.

BADISCHES OBST

Wo Trauben sich wohlfühlen, da gedeiht auch Obst: Zwetschgen, Mirabellen und Kirschen. Hier erreichen die Brennkirschen wie Benjaminler oder Dollenseppler nicht selten Oechslewerte einer Trauben-Spätlese oder gar Auslese, ideales Ausgangsmaterial für hochwertige Kirschbrände. Die vielen Auszeichnungen, die Fridolin Baumgartner, Florian Faude und andere Brenner der Region auch international für ihre Destillate erreicht haben, belegen das.

Feine Getränke für eine feine Küche. Wie an einer Perlenschnur reihen sich am Rhein die Sternelokale aneinander, die nur die gastronomische Spitze darstellen. Gut essen kann man hier im Badischen auch in vielen nicht besternten Lokalen, in den Städten wie auf dem Land. Gutes Essen und guter Wein scheinen hier Lebenselixier zu sein. Gute Destillate gehören selbstverständlich auch dazu.

Tief eingeschnitten ist das Rheintal, Höhepunkte bietet es dennoch jede Menge, nicht nur am hoch aufragenden Kaiserstuhl. Kulturell und kulinarisch ist es eine reiche Region, auch außerordentlich viele Naturschätze bietet diese wärmebegünstigte Gegend. Die herzliche Gastfreundschaft der Badener wärmt noch zusätzlich das Herz.

VOM KAISERSTUHL ZUM REGIERUNGSSITZ EIN *Spagat* ZWISCHEN BADEN UND BERLIN

Florian Faude wurde zu seiner Geburt 1984 kein Brennrecht in die Wiege gelegt, das wurde erst 2001 mit dem Kauf eines Bauernhauses in Bötzingen durch seine Eltern erworben. Damals, als Oberstufenschüler, hat Florian Faude, wenn man so sagen darf, sofort „Schnaps geleckt", und die ersten bescheidenen Ergebnisse weckten seinen Ehrgeiz, mehr als nur Fusel zu erzeugen – mit Erfolg. Dafür sprechen gute Platzierungen bei nationalen wie internationalen Prämierungen, auch bei Cocktail-Wettbewerben konnte er mit seinen Produkten schon reüssieren.

DAS DESIGN HILFT

Zum Ehrgeiz kommt der Vorteil des Quereinsteigers, der die Dinge unvoreingenommen betrachtet. Florian Faude ist zwar bereit, auf Wissen und Erfahrung von Kollegen zurückzugreifen, trotzdem meint er nicht, alle Dinge so machen zu müssen wie sie. Deutliches Zeichen hierfür ist die grafische Gestaltung seiner Produkte. „Ich will weg von Abbildungen von Obst wie Birnen und Kirschen auf den Etiketten." Damit lockt man nicht das Publikum hinter dem Ofen hervor, auf das Florian Faude zielt: urban, genussorientiert, bereit, einen angemessenen Preis für hochwertige Produkte zu zahlen und im Zweifel auch etwas jünger als der traditionelle „Obstlertrinker". Und damit ist auch klar, dass Faudes Konkurrenz eher die Hersteller von internationalen Spirituosen sind. Florian Faude zeigt durch seinen selbstbewussten Markenauftritt und seine Vermarktungserfolge, dass es auch ein David wie er durchaus mit den Goliaths der Branche aufnehmen kann; nicht auf allen Feldern und nie von der Menge her, aber doch so, dass für ihn selbst ein ordentlicher Gewinn herausspringt.

DIE VERNETZUNG GREIFT

Neben der Qualität seiner Erzeugnisse und dem stimmigen Design kommt ein dritter Erfolgsfaktor hinzu, bei dem Florian Faudes Jugend eher ein Trumpf als ein Nachteil ist. Er bezeichnet sich selbst als Teil der „Generation Smartphone", mobil und gut vernetzt. Sein Bruder führt in Berlin eine erfolgreiche Fotoagentur, hierüber kommen Kontakte zu Grafikern und Fotografen zustande, die Florian Faude für seinen Unternehmensauftritt nutzt. Es öffnen sich aber auch Vertriebsmöglichkeiten auf Partys oder bei Besuchen in „angesagten" Restaurants. Florian Faude beschreibt sein Vorgehen so: „Erst einmal lasse ich den Koch das kochen, wozu er Lust hat. Und dann heißt es: Jetzt habe ich deine Sachen probiert, willst du mal meine kosten?", und mit dieser Strategie und seinem Probenkoffer landet er anscheinend nicht selten einen Treffer ...

DIE KUNDEN HELFEN UND GREIFEN ZU

Ihn als Partygänger zu bezeichnen, wäre trotzdem zu kurz gegriffen, dazu ist er zu bodenständig und betreibt auch die Brennerei zu professionell, denn auch wenn er sich – bis auf die Pflege von einem halben Hektar Hochstammbäumen – weitestgehend auf die Veredlung des Obstes spezialisiert hat, Arbeit macht dies trotzdem. Das hält er auch denjenigen entgegen, die seine Preise für nicht angemessen halten, die lädt er ein, einmal ein Wochenende beim Entsteinen einiger Zentner Kirschen zu helfen. Eine solche Einladung schreckt nicht jeden ab – im Gegenteil. Seine Verkaufsreisen in Richtung der Städte sind keine Einbahnstraße. Zur Erntezeit nehmen nicht wenige seiner Berliner Abnehmer den Flieger in Richtung Südwesten, um bei einer großen „Hocketse" auf dem Hof Kirschen zu entsteinen oder die Quitten vom Flaum zu befreien. Sie lassen sich bereitwillig von ihrem Duft betören, der ihnen später dann wieder in Faudes Destillaten begegnet ...

Florian Faude hat das Potenzial erkannt, das Obstbrände für Cocktails besitzen und umgekehrt auch Cocktails für die erfolgreiche Vermarktung von Obstbränden. Bewusst positioniert sich der Brenner mit seinen Produkten bei Cocktailwettbewerben wie dem „Made in GSA“ des Bar-Magazins Mixology. Mit Erfolg! Mehrfach mixten sich Bartender mit Faude-Produkten auf den 2. und dreimal sogar auf den 1. Platz.

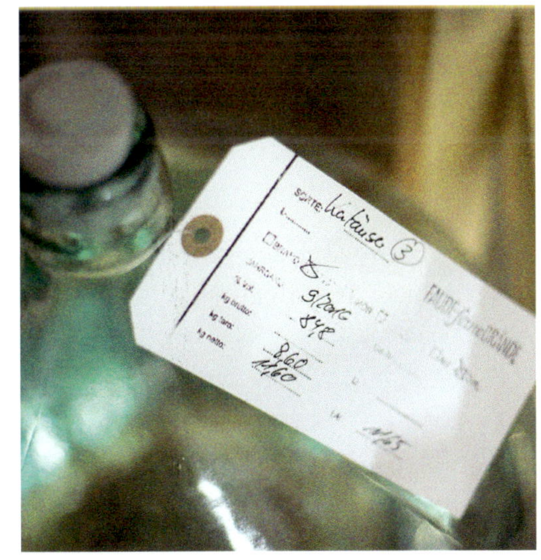

Wolke 7

HAUPTPRODUKT
Rhabarberlikör

GLAS
Cocktailkelch

ZUTATEN
4 cl Vodka
2,5 cl Rhabarberlikör
2 cl frischer Zitronensaft
1 cl Vanillesirup homemade

GARNITUR
Persische Zuckerwatte

EIS
Eiswürfel zum Shaken
Ohne Eis serviert

WERKZEUG
Shaker, Strainer, Barzange

WENN DU VORNE NICHTS VERNÜNFTIGES HINEINTUST, KANN HINTEN NICHTS GESCHEITES HERAUSKOMMEN

Florian Faude

ZUBEREITUNG

Alle Zutaten in den Shaker geben, mit Eiswürfeln füllen und ca. 10 - 15 Sekunden shaken. In das vorgekühlte Gästeglas abseihen.

Persische Zuckerwatte mit einer Barzange auf den Drink legen.

DES COCKTAILS KERN

In Florian Faudes Rhabarerlikör sind Süße und Säure fein austariert. Es dominiert die Fruchtigkeit, nicht der Zucker. Dieser Likör hat so gar nichts Klebriges an sich.

MR. Zwetschge

HAUPTPRODUKT
Zwetschgenbrand

ICH MÖCHTE BESTE OBSTBRÄNDE WIEDER SALONFÄHIG MACHEN

Florian Faude

GLAS
Tumbler

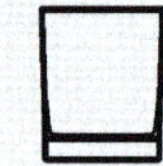

ZUTATEN

4,5 cl Zwetschgenbrand
1,5 cl Trois Rivières Rum
1,5 cl Rohrzuckersirup
2 ds Dr. Adam Teapot Bitters

GARNITUR
Zitronenzeste und Zwetschge

EIS
Eiswürfel zum Kaltrühren
Mit einem Ice Ball serviert

WERKZEUG
Rührglas, Barlöffel, Strainer, Ice-Ball-Formen

ZUBEREITUNG

Das Rührglas mit Eiswürfeln füllen, kurz mit dem Barlöffel umrühren, dann das entstandene Schmelzwasser abgießen und die Zutaten hineingeben. Ca. 20 - 25 Sekunden mit einer fließenden Bewegung den Drink kaltrühren und dann in das vorgekühlte Becherglas mit Ice-Ball abseihen.

Mit Zitronenzeste parfümieren und diese parieren (zuschneiden) und in dem Glas mit der Zwetschge drapieren.

DES COCKTAILS KERN
Der Zwetschgenbrand kommt mit feinen Steinaromen, also Mandeltönen, und Nuancen von Zimt daher, ergänzt um die Aromen von Rum und Zuckerrohr mit der Zitronenzeste als Kontrapunkt.

WHITE *Rabbit*

HAUPTPRODUKT
Weißburgunder

GLAS
Römerglas

ZUTATEN
10 cl Weißburgunder
1 cl Drambuie
1 cl Rose Lime Juice

GARNITUR
Keine

EIS
Ohne Eis serviert

WERKZEUG
Perlini Carbonat
Cocktail-Shaker

IN EINEM WEINGUT MUSS JEDE GENERATION IHREN EIGENEN WEG GEHEN

Konrad Salwey

ZUBEREITUNG

Eiswürfel sowie Zutaten in das untere Stück des Perlini-Shaker geben und vorsichtig die oberen Verschlussteile verschließen (nicht überdrehen, da sonst das Dichtungsgummi beschädigt werden könnte), dann das Perlini-System mit CO_2 füllen und danach ca. 10 - 15 Sekunden shaken.

Am besten ca. 20 Sekunden warten, damit sich die Kohlensäure binden kann und dann langsam den oberen Teil aufdrehen und den Drink in das Gästeglas gießen (ein Strainer ist in dem System eingebaut, um das benutzte Eis im Shaker zu halten).

DES COCKTAILS KERN

Puristisch kommt dieser Drink daher. Die klaren, nie aufdringlichen Fruchtaromen des Weißburgunders stehen im Mittelpunkt und werden dezent durch den Whisky-Honig-Kräuterlikör (Drambuie) und die leichte Säure des Rose Lime Juice unterstützt.

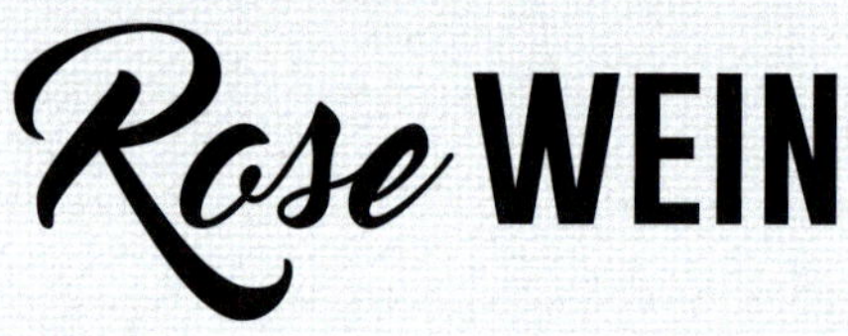

HAUPTPRODUKT
Rosé

GLAS
Highball/Longdrink

ZUTATEN

5 cl Roséwein
5 cl Fentimans Rose Lemonade
1 ds TBT Blossom

GARNITUR
Spirale einer Grapefruitschale

EIS
Mit Eiswürfeln serviert

WERKZEUG
Zester, Barlöffel

WEINBAU IST HANDARBEIT, ERFAHRUNG UND VOR ALLEM LIEBE ZUM REBSTOCK

Konrad Salwey

ZUBEREITUNG

Gästeglas mit Eiswürfeln füllen, Grapefruit-Spirale in das Glas geben, dann den Dash TBT Blossom, mit Roséwein und der Rose Lemonade auffüllen. Kurz umrühren.

DES COCKTAILS KERN

Der Rosé vom Spätburgunder kommt knackig frisch daher. Dieser Cocktail bewahrt den Weincharakter durch die nur sparsam dosierten weiteren Zutaten.

VON BRENNERN UND *Bienenfressern*

In seltener Kontinuität gehört Fridolin Baumgartner zum „Kreis der Auserwählten Destillerien“ der internationalen Destillata-Prämierung. Acht Mal seit 2008 war die Hausbrennerei in diesem exklusiven Zirkel vertreten, als einzige reine Abfindungsbrennerei. 2016 errang er sogar den dritten Platz in der Gesamtwertung.

EINE AUSSERGEWÖHNLICHE NATUR …

Als die Baumgartners, Fridolin und seine Frau Anneliese, im Jahr 1983 mit dem Brennen begannen, zeichnete sich noch nicht ab, dass die Brennerei ein bedeutendes wirtschaftliches Standbein des Betriebes werden würde, der mit acht Hektar Weinbau im Vollerwerb bewirtschaftet wird. Die Trauben werden an die Oberbergener Genossenschaft abgeliefert. Er wurde schon von Vielen gefragt, warum er nicht selbstvermarktender Winzer geworden ist. „Das ging nicht. Mit 17 Jahren war ich Vollwaise und musste die Landwirtschaft übernehmen. Die Genossenschaft gab mir da genau die Sicherheit, die ich brauchte. Und sie gibt mir bis heute die Sicherheit, auf anderen Feldern zu experimentieren“, Eben bei der Brennerei und auch beim Aufbau der Ferienwohnungen, die gut belegt sind.

Für einen Besuch in Oberbergen gibt es viele lohnende Gründe. Die erstklassige Gastronomie vor Ort, der gute Wein, die Landschaft, die Natur. Letztere ist in Deutschland wirklich einzigartig. Der Kaiserstuhl ist hierzulande eine der orchideenreichsten Gegenden. Seit langem sind hier Smaragdeidechsen und Gottesanbeterinnen zu Hause, also Tiere, die ihren Verbreitungsschwerpunkt in wärmeren Breiten haben. Seit einigen Jahren brüten am Kaiserstuhl auch Bienenfresser, auch sie lieben die Wärme, und sie werden ihrerseits von Vogelfreunden geliebt, in erster Linie wegen ihrer exotischen Farbenpracht.

Diese reiche Natur ist – vor allem in dieser Kombination – ein touristisches „Alleinstellungsmerkmal“ der Region. Ein Brenner tut gut daran, sie auch für seine Zwecke zu nutzen. Fridolin Baumgartner macht es, auch wenn er in diesem Punkt etwas „Nachhilfe“ gebraucht hat: „Unsere Feriengäste haben uns die Augen für die nicht alltäglichen Naturschönheiten geöffnet, die für uns eben das waren: alltäglich.“ Jetzt fördern Baumgartners aktiv die Begegnung zwischen Natur und Gästen, sie weisen ihnen persönlich den Weg zu ihr – bei Führungen und durch die Ausschilderung eines Smaragdeidechsenpfades oberhalb von Oberbergen, der auf ihre Initiative zurückgeht.

… UND AUSSERGEWÖHNLICHE, NATÜRLICHE GENÜSSE

Wer die Natur mit offenen Sinnen genießt, der ist häufig auch offen für andere Genüsse. Wer von Fridolin Baumgartner durch die Weinberge oder Obstwiesen geführt worden ist, der lässt sich von ihm auch gerne zu seinen Destillaten leiten. In ihnen, vor allem in den Obst- und Tresterbränden, wird die Landschaft auf eine ganz andere tiefe Weise erlebbar, den Geschmack auf der Zunge und die Natur im Hinterkopf. Dort entsteht dann die Bindung durch das Destillat an die Region und so häufig auch eine andere Bindung – die Kundenbindung. Sehr zum Wohl des Brenners und der Genießer.

Fridolin Baumgartner und seine Frau Anneliese haben den Betrieb aufgebaut und bekannt gemacht. Wein, Obstbau und Ferienwohnungen ergeben einen stimmigen Dreiklang. Hier zeigt sich der Kaiserstuhl von seiner sonnigen Seite, hier kann man ihn erleben. Gäste suchen hier Erholung und finden in Oberbergen mehr als das. Gute Brände, guten Wein und auch exotisch anmutende Tiere wie die Bienenfresser.

MR & MRS B

HAUPTPRODUKT

Mirabelle

GLAS

Coupette/Martini

ZUTATEN

5 cl	*Mirabellenwasser*
2 Bl	*Aprikosenmarmelade*
2,5 cl	*frischer Zitronensaft*
1 cl	*Bourbon*

GARNITUR

Mirabellen

EIS

Ohne Eis serviert

WERKZEUG

Shaker, Messbecher, Strainer

WIR BRENNEN DIE MIRABELLE SCHON SEIT EINER EWIGKEIT

Fridolin Baumgartner

ZUBEREITUNG

Alle Zutaten bis auf den Bourbon in den Shaker geben, mit Eiswürfeln füllen und ca. 10 - 15 Sekunden shaken. In das vorgekühlte Gästeglas abseihen und den Bourbon darüberfloaten (vorsichtig auf den Drink laufen lassen).

DES COCKTAILS KERN

Die kleine gelbe oder gelbrötliche Pflaumensorte besitzt eine angenehme Fruchtigkeit, die hier durch die Aprikosenmarmelade unterstützt wird. Mirabellenmarmelade funktioniert natürlich auch!

TRES *Chic*

HAUPTPRODUKT
Weintresterbrand

GLAS
Coupette/Martini

ZUTATEN

5 cl	*Weintrester fassgelagert*
1 cl	*Vanillesirup homemade*
1 cl	*Demerarasirup homemade*
1	*Espresso*

GARNITUR
Krokantstreusel am Glasrand

EIS
Ohne Eis serviert

WERKZEUG
Shaker, Strainer, Messbecher

DIE BESTEN VERGRÖSSERUNGS-GLÄSER FÜR DIE FREUDEN DER WELT, SIND JENE AUS DENEN MAN TRINKT

Joachim Ringelnatz

ZUBEREITUNG

Alle Zutaten bis auf den Espresso in den Shaker geben, mit Eiswürfeln füllen, erst dann den Espresso hinzugeben, damit er sozusagen frappiert und ca. 10 - 15 Sekunden shaken. In das vorgekühlte Gästeglas, das zuvor mit den Krokantstreuseln am Glasrand versehen wurde, abseihen.

DES COCKTAILS KERN

Trester sind die Pressrückstände der Trauben aus der Weingewinnung. Ein gelungener Tresterbrand ist also eine wohlschmeckende „Resteverwertung". Hier hat die Fasslagerung das Destillat weiter aufgewertet und um Töne von Vanille, Nougat und Espresso bereichert. Das hat die Bartender auch dazu inspiriert, mit Espresso „nachzulegen" – doppelt gemoppelt, Grappa und Espresso in einem.

Top SUCHTSANFALL

HAUPTPRODUKT
Topinamburbrand

GLAS
Longdrink

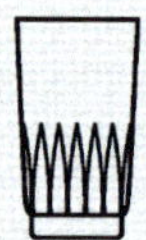

ALLES, WAS REIFEN SOLL, BRAUCHT EINFACH SEHR VIEL ZEIT

Markus Wurth

ZUTATEN
4 cl Topinamburbrand
10-12 cl Zitronenlimo

GARNITUR
Rettich-Stange im Glas und Rettichkopf

EIS
Mit Eiswürfeln serviert

WERKZEUG
Barlöffel

ZUBEREITUNG

Gästeglas mit Eiswürfeln füllen, dann den Topinambur hinzugeben, danach mit der Limo auffüllen und umrühren.

DES COCKTAILS KERN
Topinambur ist eine sonnenblumenähnliche Pflanze, deren Wurzelknollen vor allem in Baden zu Bränden veredelt wird. Sie zeichnet sich gleichzeitig durch eine feine Fruchtigkeit und Erdigkeit aus. Zitrone und Rettich docken hier an diese beiden Pole an.

Liquid CIGAR

HAUPTPRODUKT
L'Urtika Zigarre

GLAS
Schwenker

URTIKA IST EIN ELIXIER, DAS EIN WISSBEGIERIGER ALCHIMIST MIT DER SINNLICHEN FEE AROMA NATURA ZUSAMMENBRAUT

Tomi Ungerer, Illustrator

ZUTATEN

3 cl	*L'Urtika Zigarrenbrand*
3 cl	*Havana Club Selection Rum*
1-2 ds	*TBT Aromatic Leaf*
1 cl	*Cold Brew Kaffeesirup*

GARNITUR
Zigarre

EIS
Eiswürfel zum Kaltrühren
Ohne Eis serviert

WERKZEUG
Rührglas, Barlöffel, Strainer

ZUBEREITUNG

Alle Zutaten in ein mit Eiswürfeln gefülltes Rührglas geben und ca. 30 Sekunden kaltrühren, dann in das – in diesem Fall – nicht vorgekühlte Gästeglas abseihen.

DES COCKTAILS KERN
Basis dieses Cocktails ist ein „Brennnessel-Brand", der gar nicht brennt, sondern schmeichelt. Die Spirituose ist eine harmonische Komposition von Früchten der Streuobstwiese, Brennnesseln und anderen Kräutern, abgerundet durch Fasslagerung.

MALZ *im Hals*

HAUPTPRODUKT
Derrina-Whisky Einkorn

GLAS
Tumbler

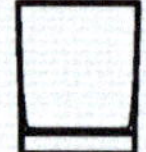

ZUTATEN

5 cl	*Einkornmalz-Whisky*
1,5 cl	*Eichenrinden-Sirup*
2 ds	*Dr. Adam Elmegirab Dandelion & Burdock Bitters*

GARNITUR
Eichenrinden-Chips, die angezündet werden.

EIS
Eiswürfel zum Kaltrühren
Mit Ice Ball serviert

WERKZEUG
Rührglas, Strainer, Messbecher

WIR WOLLEN DAS GANZE GETREIDE-AROMA IN UNSEREM WHISKY HABEN

Walter Fitzke

ZUBEREITUNG

Das Rührglas mit Eiswürfeln füllen, kurz mit dem Barlöffel umrühren, dann das entstandene Schmelzwasser abgießen und die Zutaten hineingeben. Ca. 20 - 25 Sekunden mit einer fließenden Bewegung den Drink kaltrühren und dann in den vorgekühlten Tumbler mit Ice Ball abseihen.

Die Eichenrinden-Chips mit hochprozentigem Alkohol auf feuerfester Unterlage neben dem Drink in Brand setzen, um eine „Lagerfeueratmosphäre“ zu erzeugen.

DES COCKTAILS KERN
Noten von Schokolade und sanfte Tannine schmeicheln dem Gaumen.

ROGGEN Roll

HAUPTPRODUKT
Derrina-Whisky Roggen

GLAS
Süßwein-Glas

ZUTATEN

4 cl	*Roggenmalz-Whisky*
1,5 cl	*Jägermeister*
2 ds	*FeeBrothers West Indian Orange Bitters*

GARNITUR
Orangenzeste

EIS
Eiswürfel zum Kaltrühren
Ohne Eis serviert

WERKZEUG
Rührglas, Strainer, Messbecher

WIR SIND BADENER UND KEINE DEUTSCHEN SCHOTTEN

Walter Fitzke

ZUBEREITUNG

Das Rührglas mit Eiswürfeln füllen, kurz mit dem Barlöffel umrühren, dann das entstandene Schmelzwasser abgießen und die Zutaten hineingeben. Ca. 20 - 25 Sekunden mit einer fließenden Bewegung den Drink kaltrühren und dann in das vorgekühlte Süßwein-Glas abseihen.

DES COCKTAILS KERN

Der Kritiker Jim Murray attestiert diesem Roggen-Whisky Anklänge an Likör. Darum ist der Jägermeister in diesem Cocktail auch die folgerichtige Ergänzung.

MR. Charles

HAUPTPRODUKT
Mandarine-Zwetschgen-Spirituose

GLAS
Schwenker

MANDARINEN STAMMEN URSPRÜNGLICH AUS DEM ALTEN CHINA, DORT GALTEN SIE ALS KAISERLICHE FRUCHT

Klaus Jung

ZUTATEN

3 cl	*Mandarine-Zwetschgen-Spirituose*
1,5 cl	*Asbach Uralt*
2 cl	*Mangosirup*
2 cl	*Lime Juice*
1	*Eiweiß*

GARNITUR
Flamingo und Ananasblätter

EIS
Eiswürfel zum Shaken
Ohne Eis serviert

WERKZEUG
Zwei Shaker, Strainer

ZUBEREITUNG

Alle Zutaten in den Shaker geben, mit Eiswürfeln füllen und ca. 10 - 15 Sekunden shaken, dann noch einmal ohne Eis shaken. Diese Methode nennt man Dry Shake. Sie dient der Bildung einer Schaumkrone, da die Zutaten beim Shaken emulgieren.

Danach in ein vorgekühltes Gästeglas abseihen.

DES COCKTAILS KERN

Hier tanzen Zwetschge und Mandarine Samba. Herausgefordert durch die exotische Fruchtigkeit hebt der bodenständige Brand förmlich ab. Überschäumende Lebensfreude versinnbildlicht das Topping durch das Eiweiß.

Apple AND BEAN

HAUPTPRODUKT
Bohnapfel Brand

GLAS
Wird in einem ausgehöhlten Apfel serviert. Muss aber nicht sein, ein Glas tut's auch!

DIE BÄUME DES BOHNAPFELS KÖNNEN SEHR ALT WERDEN UND BILDEN VOLUMIGE, BREITKUGELIGE KRONEN AUS

Klaus Jung

ZUTATEN

4 cl	*Bohnapfel-Brand*
1,5 cl	*Rum-Honig-Likör (Rosmarin, Thymian, Honig, Chili)*
1 cl	*frischer Zitronensaft*
1	*Apfel*

GARNITUR
Apfel-Abschnitt

EIS
Mit Crushed Eis serviert

WERKZEUG
Elektromixer

ZUBEREITUNG

Alle Zutaten in den Elektromixer geben, eine kleine Eisschaufel Crushed Eis beigeben, Deckel drauf und mixen, bis eine sämige Konsistenz entsteht, dann den Cocktail in den Apfel (oder auch ein Gästeglas) abfüllen.

DES COCKTAILS KERN

Der Bohnapfel ist ein klassischer Winterapfel. Im Herbst geerntet, muss er bis in den Februar nachreifen, um sein Aroma zu entfalten. In diesem Cocktail geht's schneller, befeuert durch den Brand, den Rum und das saftige Fruchtfleisch.

YELLOW *Sheep*

HAUPTPRODUKT
Black Sheep IPA

GLAS
Longdrink

DIESES SCHAF SETZT SICH VOM REST DER HERDE AB

James Tutor, Braukollektiv

ZUTATEN
1 Fl Black Sheep IPA
1,5 cl Jägermeister
2 cl Ponthier Maracuja Fruchtpüree

GARNITUR
getrockneter Hopfen

EIS
Eiswürfel zum Shaken
Mit Eiswürfeln serviert

WERKZEUG
Shaker, Barlöffel

ZUBEREITUNG

Den Jägermeister und das Fruchtpüree in einen Shaker geben, mit Eiswürfeln auffüllen und ca. 10 - 15 Sekunden shaken, in das mit Eiswürfeln gefüllte Gästeglas abseihen, mit dem IPA auffüllen und leicht mit einem Barlöffel umrühren.

DES COCKTAILS KERN
Wenn Craft-Bier und Jägermeister zusammenkommen, strafen sie schon beim ersten Schluck Assoziationen an schummrige Kneipen der 80er-Jahre Lügen. Frisch und neu kommt einem diese Kombination vor, erstaunlich komplex.

Schwäbische Alb

Karg ist die Karstlandschaft der Alb, schroff und steil der Albtrauf. Lieblich kommen hingegen die üppigen Streuobstwiesen an seinem Fuß daher, reizvolle Gegensätze, die überregional (noch) kaum Beachtung finden. So gilt: Wer Entdeckungen machen will, ist hier richtig, auch Entdeckungen kulinarischer Art. Aus den Millionen Obstbäumen auf Tausenden von Hektar, bestockt mit Hunderten von Sorten, entstehen nicht zuletzt köstliche Destillate. Probieren Sie's!

Die Schwäbische Alb ist neben dem Schwarzwald das zweite große Mittelgebirge Baden-Württembergs – eines, das streng genommen gar keines ist. Geologisch korrekt ist die Alb eine Schichtstufenlandschaft. Schräg gestellte Gesteinsschichten aus Jura-Kalk liegen hier übereinander und werden durch die Erosion „angeschnitten", das bestimmt ihren Landschaftscharakter. Im Norden fällt der Albtrauf zum Neckar hin fast senkrecht ab, nach Süden hingegen geht die Alb – zumindest dort, wo sich die Donau und ihre Zuflüsse nicht ins Gestein eingefräst haben – fast unmerklich ins oberschwäbische Alpenvorland über. Von ihrer Hochfläche heben sich kaum Gipfel ab, dafür ist sie unterirdisch durchlöchert wie ein Schweizer Käse. Über Tausende von Jahren hat das Wasser sich seine Wege durch das weiche Kalkgestein gebahnt und Hunderte von Höhlen geschaffen, die schon die Steinzeitmenschen zu schätzen wussten. Unsere Vorfahren nutzten sie als Wohnung und auch als Atelier: Hier wurden die bislang ältesten Kunstwerke der Menschheit gefunden, zum Beispiel die ungefähr 40 000 Jahre alte Venus vom Hohlefels.

KARGE HEIDEN

Die Schwäbische Alb ist also eine wahre Fundgrube für Archäologen und Forscher und bot über die Jahrhunderte ein hartes Los für die Bauern, wasserarm und „steinreich". Das Wasser verschwand im Untergrund, an der Oberfläche bleiben Kalksteine zurück. Der Boden war kaum geeignet für Ackerbau und selbst für Milchvieh vielfach zu mager. Die Schafzucht war lange Zeit prägend und prägte ihrerseits die Landschaft. Die Schafe kamen auch mit der schmalen Kost zurecht und ließen fast nur den dornigen Wacholder stehen; die kahlen, kargen Wacholderheiden, den Winden ausgeliefert, entstanden. Mit dem Kunstdünger und modernen Maschinen konnten die Erträge gesteigert werden, doch nicht so, dass die ehemals prägenden Heiden vollständig verschwunden wären. Großflächig haben sie allerdings fast nur im Biosphärenreservat Schwäbische Alb überlebt. Hier bietet sich das Bild eines friedlichen Arkadiens mit großen Schafherden – erhalten dank einer Jahrzehnte währenden, gar nicht friedlichen Nutzung als Truppenübungsplatz.

ÜPPIGE STREUOBSTWIESEN

An den steilen Hängen des Albtraufs, dem Neckartal zugewendet, bietet sich ein anderes, weit lieblicheres Bild: kleinteiliger Weinbau wie bei Metzingen und großflächige Streuobstwiesen. Mit rund 26 000 Hektar findet sich hier eine der größten zusammenhängenden Streuobstlandschaften Europas. Die 1,5 Millionen Obstbäume im „Schwäbischen Streuobstparadies" sind zu jeder Jahreszeit ein Genuss, besonders zur Obstblüte, wenn ein weißes Blütenmeer die Hänge hinaufzubranden scheint, in der zeitlichen Reihenfolge angeführt von den Schlehen, dann den Kirschen und Birnen und schließlich den Apfelbäumen. Die Streuobstwiesen: eine Augenweide, eine Bienen- und Schafweide und kulinarisch eine Gaumenweide, nicht zuletzt für die Liebhaber von Obstbränden. Hunderte von Obstsorten sind die Grundlage einer kaum vorstellbaren Fülle an hochprozentigen und hochwertigen Genüssen zu oftmals erstaunlich günstigen Kursen. Unser Buch bietet Ihnen davon einen winzigen Ausschnitt, der es dennoch in sich hat.

Und wenn man nur einen einzigen stichhaltigen Grund nennen sollte, die Schwäbische Alb zu besuchen, dann könnte man die Obstblüte am Albtrauf anführen. Nirgendwo sonst gibt es so ausgedehnte und zusammenhängende Streuobstwiesen, nirgendwo sonst kann man demnach die Obstblüte in so beeindruckender Form erleben.
(Auf unserem Bild ist sie leider schon fast rum.)

EIN BRENNER UND GASTRONOM AUS *Berufung*

Wer sich für feine Obstbrände interessiert, kommt in Württemberg an August Kottmann nicht vorbei, im Wortsinn und in mehrfacher Hinsicht, da August Kottmann groß gewachsen ist, mehr aber noch, weil er seine Gäste und Kunden herzlich und mit offenen Armen empfängt. Ein durch und durch gewinnender Gastronom in seinem Gasthof zum Hirschen und ein regelmäßiger Gewinner bei den Prämierungen des Nordwürttemberger Kleinbrennerverbandes, mehrfach auch Gesamtsieger in verschiedenen Kategorien. So belegte August Kottmann im Jahr 2015 bei den Likören den 1. und bei den Edelbränden den 2. Platz. In der Summe hat er von dieser Prämierung 22 Goldmedaillen in seine Heimat Bad Ditzenbach gebracht. Wie gesagt, wer sich für feine Obstbrände aus Württemberg interessiert, kommt an August Kottmann nicht vorbei.

DURCHGÄNGIG QUALITÄT...

Stolz wird auf das gute Abschneiden bei Prämierungen verwiesen. Doch unterhalb der langen Liste mit den Auszeichnungen steht ein Hinweis, der weit mehr als nur eine Fußnote ist. Es ist ein Bekenntnis zu durchgängiger Qualität – ohne Durchhänger: „Nicht alle Destillate und Liköre wurden zur Landesprämierung eingereicht, deshalb sind diese Produkte nicht mit weniger Sorgfalt aus dem Streuobstparadies hergestellt." Das braucht man nicht zu glauben – weil man es schmecken kann. Schmecken in jedem Destillat, in jedem Likör und auch in jeder Speise, die August Kottmann gemeinsam mit seinem Sohn Andreas im traditionsreichen Gasthof zum Hirschen anbietet. Beide sind gelernte Küchenmeister, beide sind ausgewiesene Meister der Küche. Gerne werden von ihnen auch der Genuss von gutem Essen und guten Destillaten kombiniert dargeboten, etwa in Form eines Destillatmenüs.

... AUS BRENNEREI UND KÜCHE

Doch nicht nur „passiv" als Esser und Genießer, sondern auch „aktiv" bei Kochkursen und Brennereibesuchen kann der Besucher seine eigenen sensorischen Fähigkeiten im Hirschen weiterentwickeln. Die Familie ist ein großzügiger Gastgeber, und großzügig wird das eigene Wissen auch in den Kursen weitergegeben. An wenigen Orten kann man so viel über Streuobst und die daraus gewonnenen Destillate lernen. Rund 90 Spirituosen werden in der Preisliste geführt, davon allein über 20 Apfelbrände und ein Dutzend Birnenbrände, meist sortenrein, reine Versuchungen.

Sind die Streuobstwiesen rund um Bad Ditzenbach für den Besucher schon eine Augenweide, macht August Kottmann für seine Gäste und Kunden daraus eine wahre „Gaumenweide", für die man lange braucht, um sich „hindurchzuschmecken". Erst macht man eine Führung über die Streuobstwiesen, lernt die Brennerei und ihre Finessen kennen und kehrt dann im Hirschen ein und lässt es sich gut gehen. Bei August Kottmann kann man das Schwäbische Streuobstparadies tatsächlich mit allen Sinnen entdecken und genießen.

Ein sympathischer Platzhirsch, der keine Angst vor Nebenbuhlern hat und auch keine Angst vor Neuerungen. Obstbrände in Cocktails? Warum nicht? Wenn's doch schmeckt und den Brennern hilft, neue junge Kunden für die Qualität heimischer Destillate zu begeistern. August Kottmann ist auch da ein Vorreiter, er hat solche Getränke schon lange auf dem Schirm und auch als Aperitif schon lange auf der Getränkekarte. Man sieht es dem Gastronomen alter Schule und seinem zunächst traditionell wirkenden Gasthof vielleicht nicht auf den ersten Blick an, umso mehr lohnt sich ein zweiter Blick – und ein zweiter, dritter und vierter Schluck ...

August Kottmann lebt seine Berufe. Er ist Gastronom und Brenner nicht nur, weil er den Gasthof und die Brennerei geerbt hat, sondern aus Berufung. Das merkt man ihm als Gast und Kunde schon nach wenigen Minuten an. Und vollends ist man davon überzeugt, wenn man eines seiner köstlichen Destillatmenüs genossen hat. Dafür lohnt sich immer eine extra Fahrt und auf der Durchreise auch ein Schlenker von der A8.

PRANCERS *Choice*

HAUPTPRODUKT
Bratapfellikör

GLAS
Coupette

DIE LUIKEN-ÄPFEL SIND EINE TYPISCHE SCHWABEN-FRUCHT

August Kottmann

ZUTATEN

4 cl	*Bratapfellikör*
2 cl	*Rye Whiskey (50 Vol.-%)*
2 cl	*Creme de Cacao black*
2 cl	*Sahne*

GARNITUR
Schokopulver und geriebene Muskatnuss

EIS
Eiswürfel zum Shaken
Ohne Eis serviert

WERKZEUG
Shaker, Strainer, Muskatreibe

ZUBEREITUNG

Die Zutaten (außer dem Sekt) in den Shaker geben, mit Eiswürfeln füllen und ca. 10 - 15 Sekunden shaken, dann die Zutaten in das vorgekühlte Gästeglas abseihen.

DES COCKTAILS KERN

Bratapfel – das klingt nach einem heimeligen Winterabend, an dem man es sich gemütlich macht. Bratapfellikör, das schmeckt genau danach, pur und noch mehr in diesem wärmenden Cocktail. Mit ihm in der Hand will man gar nicht mehr vom Sofa aufstehen ...

Wir sind QUITT

HAUPTPRODUKT
Quittenwasser

GLAS
Tumbler

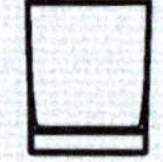

ZUTATEN
5 cl Quittenwasser
2 cl Hibiskus-Grenadine-Sirup
2 cl Orangensaft
1 Stk. getrocknete Chilli
¼ Bl Madras-Currypulver
1 Bl Maracuja-Püree

GARNITUR
Feldsalat mit eingelegter Quittenschnitte und getrockneter Chili-Tulpe

EIS
Eiswürfel zum Shaken
Mit Eiswürfeln serviert

WERKZEUG
Shaker, Strainer, Fine-Strainer

SELBST DAS LEERE GLAS IST NOCH EINE AROMABLUME

August Kottmann

ZUBEREITUNG

Alle Zutaten in den Shaker geben, mit Eiswürfeln füllen und ca. 10 - 15 Sekunden kräftig shaken. Mit der Double-Strain-Methode die Zutaten in das vorgekühlte Gästeglas abseihen.

DES COCKTAILS KERN
Die Quitte spendiert uns von allen Kernobstfrüchten die üppigsten Aromen, roh fast ungenießbar, aber verarbeitet nahezu unwiderstehlich. Eine Verführerin, die sich hier noch mit weiteren exotischen Ingredienzien schmückt, fast ein flüssiges Chutney aus regionalen und internationalen Zutaten.

ALB geflüster

HAUPTPRODUKT
Albwacholder

GSÄLZ*, RAUCHFLEISCH UND SCHNAPS – WACHOLDER IST ZU VIELEM ZU GEBRAUCHEN

Otto Straßer

GLAS
Coupette

ZUTATEN

5 cl	*Albwacholder*
1 cl	*Belsazar Dry*
1 ds	*Angostura Bitter*
3-4	*Zitronenzesten*

GARNITUR
Keine

EIS
Eis zum Kaltrühren
Ohne Eis serviert

WERKZEUG
Rührglas, Barlöffel, Strainer

ZUBEREITUNG

Alle Zutaten mitsamt den Zitronenzesten in ein Rührglas geben, mit Eiswürfeln füllen und ca. 30 Sekunden kaltrühren. Die Zutaten dann in das vorgekühlte Gästeglas abseihen.

Die Zitronenzesten geben dem Drink durch diese Form der Verarbeitung ihr Aroma mit.

* schwäbisch für Konfitüre

DES COCKTAILS KERN

Der Albwacholder vereint in sich die von einem Gin gewohnten Wacholder-Aromen und die Fruchtigkeit des verwendeten Kernobstes. Man hat mit ihm also den Geschmack der Schwäbischen Alb auf der Zunge.
Der Belsazar Dry kontert ihn trocken vom Schwarzwald her.

Palm BEACH

HAUPTPRODUKT
Birnoh,
Palmisch Birnenbrand

GLAS
Tumbler

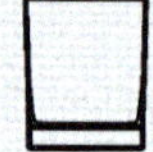

WIR BRENNEN MITTEN IM SCHWÄBISCHEN STREUOBSTPARADIES

Manuel Straßer

ZUTATEN

5 cl	*Palmisch Birnenbrand*
2 cl	*Birnoh*
1 cl	*D.O.M. Bénédictine*
2 ds	*Peychauds Bitter*

GARNITUR
Frische und getrocknete Birne

EIS
Eiswürfel zum Kaltrühren
Mit Ice Ball serviert

WERKZEUG
Rührglas, Barlöffel, Strainer

ZUBEREITUNG

Alle Zutaten in ein Rührglas geben, mit Eiswürfeln füllen und ca. 30 Sekunden kaltrühren.
Den Ice Ball mit der Pinzette in das vorgekühlte Gästeglas geben und die Zutaten ins Glas abseihen.

DES COCKTAILS KERN

Hier steckt die Birne gleich in mehrfacher Hinsicht drin: Birnenbrand pur und Birnoh, ein sherryähnlicher Aperitif aus Birnensaft. Eine Demonstration, wie viel Geschmack in unseren Streuobstwiesen steckt. Kräuterlikör und Bitter sind die frankophilen Begleiter.

EINE MANUFAKTUR KOMMT AUF *Touren*

Rainer Broch geht weite Wege. Als Vermarkter seiner Destillate, mit denen er im Jahreslauf auf Feinkost-Messen vertreten ist, aber auch als Produzent. Er produziert an vielen Standorten in fast ganz Baden-Württemberg, zumindest seine Säfte. Wie das? Er hat auf einem Anhänger eine mobile „Saftfabrik" auf 12 m² installiert, mit ihr tourt er durchs Ländle. Zu festgelegten Terminen kommen dann die Leute, um vor Ort aus ihrem eigenen Obst ihren eigenen Saft zu gewinnen. Die mobile Saftfabrik von Rainer Broch läuft – im wörtlichen wie im übertragenen Sinne. Wenn im Herbst die Äpfel und Birnen reif sind, ist Rainer Broch viel mit Pkw und Anhänger unterwegs, Hunderte von Kilometern für rund 100 000 Liter Saft.

VON DER EXOTISCHEN STREUOBSTBANANE ...

Manchmal wählt Rainer Broch aber auch ganz nahe gelegene Wege, Feldwege und Trampelpfade, dann, wenn er in Starzach Gäste zu einer Streuobstführung mit Destillatprobe einlädt. Das sind genussvolle und lehrreiche Exkursionen zu alten Obstsorten wie Gelbmöstler Birne, Jakob Fischer-Apfel und Haferpflaume. Brände und Bäume werden dabei quasi im Doppelpack präsentiert, immer der zum jeweiligen Obstbaum passende Obstbrand. So ist die Herkunft der Streuobstbrände förmlich mit Händen zu greifen – und mit der Zunge zu schmecken. Der Quittenbrand unterm Quittenbaum, der Brand von der Kohlbirne unterm Kohlbirnenbaum und der Brand von der Streuobstbanane unterm Bananenbaum ... Streuobstbanane ...? Bananenbaum ...? Ja, dafür schmückt Rainer Broch einen Baum mit Bananen. Ein solcher Scherz bleibt im doppelten Wortsinn hängen, und die Kunden in der Folge auch.

... BIS ZUR WILDEN HAGEBUTTE ...

Sie finden hier anerkannte Qualität. Rainer Broch ist regelmäßig unter den Besten des Südwürttemberger Kleinbrenner-Verbandes, in 2015 hat er in der Kategorie der Brände den 1. Platz belegt. Auch von der Destillata hat er schon Goldmedaillen nach Hause gebracht und einen „Edelbrand des Jahres", die dortige höchste Auszeichnung für ein Destillat. Rainer Broch brennt für seine Brennerei. Er hat in der Familie zwei Brennrechte in der Nutzung, darf also im Jahr 600 Liter reinen Alkohol produzieren. Brenngut ist in erster Linie das Obst der Region, Streuobst, Tafelobst, aber auch Wildobst, wie zum Beispiel die Hagebutte. Ein Sortiment klassischer Obst- und Wildobstbrände also, ergänzt um einige „Exoten" wie der bereits genannte Bananenbrand oder der Orangenbrand.

... UND ZUM TRENDIGEN GIN

Erfolgreich im Markt ist er auch mit seinem Gin, dem „B no. 1 SWABIAN DRY GIN". Praktisch am Gin-Trend ist, dass er das Interesse am Brenner und seinen übrigen Bränden weckt, dann kommen die Kunden (fast) von allein – und auch ein so mobiler Brenner wie Rainer Broch kann einmal zu Hause bleiben ...

Rainer Broch kommt vom Land, genauer aus dem Landkreis Tübingen, und ist als Landwirt doch Quereinsteiger, zunächst war er Schreiner. Die Brennerei war allerdings schon in der Familie, professionalisiert hat sie dann Rainer Broch gemeinsam mit seiner Lebensgefährtin Eva Letzgus. In ihrer Brennerei und in der mobilen Mosterei wird das Streuobst zu saftigen Köstlichkeiten verarbeitet.

Tea TIME

HAUPTPRODUKT
Hagebuttengeist

GLAS
Tasse und Teekanne

WIR WIDMEN UNSERE ARBEIT DER LIEBEVOLLEN HERSTELLUNG REGIONALER SPEZIALITÄTEN

Rainer Broch

ZUTATEN

3 cl	*Hagebuttengeist*
1,5 cl	*Sierra Milenario Tequila Blanco*
1 cl	*Jägermeister*
1 cl	*Lime Cordial homemade*
1 Bl	*Rosenblüten*

GARNITUR
Als Side Dish Teegebäck

EIS
Eiswürfel zum Shaken
Ohne Eis serviert

WERKZEUG
Shaker, Strainer

ZUBEREITUNG

Alle Zutaten in den Shaker geben, mit Eiswürfeln füllen und ca. 10 - 15 Sekunden kräftig shaken. Mit der Double-Strain-Methode die Zutaten in die vorgekühlte Teekanne abseihen.

Es muss keine Teekanne sein, der Drink kann auch direkt in eine Teetasse gefüllt werden.

DES COCKTAILS KERN

Hagebutten sind die Früchte der Hundsrose, darauf spielen die Rosenblätter an, Tasse und Teekanne erinnern an Hagebuttentees aus der Kindheit. Als Drink mit einem alkoholischen Geist, Tequila und Jägermeister ist die Hagebutte allerdings erwachsen geworden.

Hagebutte

BLACK Berry

HAUPTPRODUKT
Schwarzer Johannisbeerbrand

GLAS
Schaumwein- oder Champagnerglas

DER HOF UND DIE BRENNEREI SIND FÜR UNS EIN LEBENSGEFÜHL

Rainer Broch

ZUTATEN

3 cl	*Schwarzer Johannisbeer-Brand*
2 cl	*Zitruswodka homemade*
1,5 cl	*Himbeersirup*
0,4 cl	*Aceto Balsamico*
6 cl	*Sekt trocken*

GARNITUR
Beeren der Saison

EIS
Eiswürfel zum Shaken
Ohne Eis serviert

WERKZEUG
Shaker, Strainer

ZUBEREITUNG

Die Zutaten (außer dem Sekt) in den Shaker geben, mit Eiswürfeln füllen und ca. 10 - 15 Sekunden shaken, dann die Zutaten in das vorgekühlte Gästeglas abseihen und mit dem Sekt auffüllen.

DES COCKTAILS KERN

Der Johannisbeerbrand transportiert Cassis, der Himbeersirup ergänzt ihn beerenstark. Die dunklen Noten des Essigs und der Johannisbeeren werden durch den spritzigen Sekt und den Zitruswodka aufgefrischt.

Prickelnde UND ALKOHOLFREIE NEUIGKEITEN VOM BRENNER

Fünf bis sieben Euro für 100 kg Mostobst, Streuobst ist wenig wert, da ist nichts zu machen. Doch! Jörg Geiger tritt mit seiner Manufaktur in Schlat bei Göppingen den Beweis an. Er kreiert aus Streuobst Premiumprodukte: Seine Schaumweine aus der Champagner Bratbirne sind deutschlandweit bekannt, seine Destillate vielfach prämiert. Aber den Hauptumsatz macht Jörg Geiger mittlerweile mit seinen „Priseccos", den alkoholfreien Cocktails.

Es ist wohl kein Zufall, dass ausgerechnet ein Gastwirt wie Jörg Geiger sie entwickelt hat. Alltag im Restaurant: Zwei Gäste kommen, einer trinkt zum Essen Wein oder Bier, der andere nicht, weil er Auto fahren muss. Ihm bleiben als Alternative Wasser, Limonade oder Schorle. Es bleibt ein Stück Genuss auf der Strecke, doch nicht mit den Priseccos von Jörg Geiger. „Erfrischungsgetränk" steht als Verkehrsbezeichnung auf dem Rückenetikett, doch das trifft es nicht. Die Priseccos sind als Aperitif und Essensbegleiter konzipiert, mittlerweile sind es rund 30 Cuvées.

ALKOHOLFREI AUF AUGENHÖHE

Grundlage ist Obstsaft von den Streuobstwiesen, Fruchtanteil mindestens 95 %. Zugesetzt werden unter anderem Kräuter, Saft anderer Früchte und Kohlensäure. Letztere sorgt fürs Prickeln, ihr ist wohl auch die Bezeichnung „Prisecco" zu verdanken, prickelnd wie ein Prosecco, edel wie ein Sekt oder Wein. Sie haben noch mehr mit dieser „vergorenen Konkurrenz" gemeinsam: Sie können es nämlich an Komplexität mit ihr aufnehmen dank der guten Qualität der eher herben Grundsäfte aus Streuobst und dank der Zusätze. Zugesetzte Kräuter und Fruchtsäfte wirken nicht so exotisch, frisches heimisches Eichenlaub, das mit dem Obst gepresst worden ist, schon. Es betont den „räsen" Charakter der teilweise ohnehin trockenen Cuvées. Die eher fruchtigen Varianten taugen als Aperitif, die herben sind auf bestimmte Speisen hin konzipiert: „Als Begleiter zu gebratenem und geschmortem Rind- und Lammfleisch mit kräftigen Gewürzen geeignet", so steht es zum Beispiel auf dem Rücketikett der Cuvée No 10. Hier spricht der Gastronom, der Sommelier, der die Getränke auf das Essen abstimmt zur Steigerung des Genusses.

ALKOHOLFREI IM STEIGFLUG

Andere Cuvées verraten schon im Namen ihren Charakter: „Frühlingsduft" mit Holunderblüten- und Erdbeerzusatz oder „Wintertraum" mit Zimt. Viele renommierte Restaurants haben die Priseccos auf ihre Getränkekarten gesetzt. Jörg Geiger hat anscheinend eine Marktlücke gefunden und den Nerv der Zeit getroffen Es hilft der ländlichen Region und trägt zum Erhalt der Streuobstwiesen bei. Sie sind Jörg Geiger eine Herzensangelegenheit, die alten Obstsorten, die alten Obstbäume, vor allem die hochstämmigen Birnbäume, die das Landschaftsbild prägen. Mit dem Stuttgarter Gaishirtle, einer alten Birnensorte, hatte Jörg Geiger vor bald 30 Jahren sein „Erweckungserlebnis". Er hatte sie auf schwachwüchsigen Unterlagen veredelt, wie es im Erwerbsobstbau üblich ist. Aber auch nach 15 Jahren erreichte dieses Gaishirtle nicht die Fruchtqualität und den Geschmack wie der hochstämmige Mutterbaum. Warum? Schwachwüchsige Unterlagen wurzeln nicht so tief, sie können nicht so viel Mineralstoffe in die Frucht bringen. Es fehlt das „Terroir", wie es beim Weinbau heißt. Hier steckt der tiefere Grund für die Qualität der Priseccos ...

Auch Jörg Geiger kann aus Stroh kein Gold machen, aber Streuobst vergolden, sprich köstliche und werthaltige Produkte daraus zaubern. Mit viel Fantasie und Sachverstand kreiert er in seiner Manufaktur aus Birnen und Äpfeln Produkte, für die er bundesweit Abnehmer findet. Seinen Lieferanten kann er so Preise zahlen, die den Streuobstbau wieder lohnend machen, eine zweite Chance für Champagner Bratbirne & Co.

Magic ROSE

HAUPTPRODUKT
Rosenzauber

DER ERSTE PRISECCO ENTSTAND BEREITS VOR ÜBER 13 JAHREN

Jörg Geiger

GLAS
Indisches Teeglas

ZUTATEN
10 cl heißes Wasser
2 Bl Garam Masala
Prisecco Rosenzauber

GARNITUR
Rosenblätter

EIS
Ice Block

WERKZEUG
Fine-Strainer

ZUBEREITUNG

Das heiße Wasser über die Gewürzmischung (Garam Masala) gießen, 15 Minuten ziehen lassen, durch einen Sieb gießen, kaltstellen.
In eine Bowleschüssel mit einem Eisblock geben, dann mit dem Rosenzauber auffüllen.

DES COCKTAILS KERN
Die Priseccos von Jörg Geiger nennen sich „alkoholfreie Cocktails“. Sie sind frei von Alkohol, aber reich an Geschmack durch die Grundsäfte aus Streuobst und die zugesetzten Kräuter, hier nicht zuletzt die Auszüge aus Rosenblättern. Diese Komplexität wird in diesem Cocktail weiter angereichert.

4 FRÜCHTE FÜR *Charly*

HAUPTPRODUKT
Cuvée Nr. 26: Apfel/Birne/ Weißer Pfirsich/Quitte

GLAS
Coupette

WIR SIND GETRIEBEN VON DEN SCHWÄBISCHEN TUGENDEN LEIDENSCHAFT UND PERFEKTION

Jörg Geiger

ZUTATEN
1 Kugel Zitronensorbet
Prisecco Cuvee Nr. 26
geriebene Tonkabohne on Top

GARNITUR
Minze

EIS
Zitronensorbet

WERKZEUG
Eiszange oder Löffel, Muskatreibe

ZUBEREITUNG

Die Kugel Zitrussorbet in das vorgekühlte Gästeglas geben, mit dem Prisecco aufgießen und etwas Tonkabohne darüberreiben.

DES COCKTAILS KERN

Die Priseccos versprechen vollen Genuss ohne Alkohol und ohne Reue. Mit Kräutern versetzte Fruchtsäfte versetzen den Genießer in den Himmel, so auch hier bei der prickelnden Cuvée aus Apfel, Birne, Pfirsich und Quitte, ergänzt um Estragon und Dill. Die fruchtigen und krautigen Noten werden stimmig durch das Zitronensorbet getoppt.

Unterland Stuttgart und Fildern

Die Landeshauptstadt Stuttgart liegt fast in der geografischen Mitte Baden-Württembergs. Hier schlägt das Herz des Bundeslandes, denn hier sitzen Verwaltung und Politik, hier ist die industrielle Kernregion. Hier schlägt aber auch das Herz des Feinschmeckers höher. Sterne prangen nicht nur an vielen Motorhauben, sondern auch über vielen Gaststuben. In der Stadt, oben auf den Fildern und „den Neckar runter" weiß man zu genießen und geizt nicht mit kulinarischen Reizen.

Wo denn nun genau das württembergische Unterland beginnt und bis wohin es sich erstreckt, hängt vom Standpunkt des Betrachters ab und auch von seinem Vorwissen. Geografisch ist der Kreis enger gezogen als historisch und verwaltungstechnisch. Ganz eng meint es nur das Heilbronner Becken mit seinen Nebentälern. Im Herzogtum Württemberg bezeichnete es die Verwaltungseinheiten „ob der Steig (Oberland)" und „unter der Steig (Unterland)". Mit Steig ist die noch heute existierende Straße Alte Weinsteige in Stuttgart gemeint. Nach dieser Definition beginnt das Unterland im Stuttgarter Talkessel und umfasst die gesamte Neckarregion.

REGION *AM* FLUSS

Doch was macht das Unterland als Region aus? Da ist sicherlich der Neckar mit seinen Nebenflüssen und Nebentälern das bestimmende Charakteristikum. Er verbindet im Wortsinn die wichtigsten Städte miteinander: Stuttgart als Landeshauptstadt, die ehemalige Residenzstadt Ludwigsburg mit der ehemaligen Reichsstadt Heilbronn. Dazwischen viele kleine, aber nicht unbedeutende Weinorte wie Besigheim, Hessigheim, Marbach oder Lauffen, und damit ist auch schon ein anderes verbindendes Element außer dem Fluss genannt: der Wein. Wären am Neckar nicht Straßen und ausufernde Gewerbegebiete platziert, würde der Wein das blaue Band des Flusses nahezu nahtlos um einen grünen Saum ergänzen. Jetzt sind es nicht zuletzt die Steillagen wie die sprichwörtlichen „Felsengärten" bei Besigheim, die kaum eine andere Nutzung zulassen und wo die Reben landschaftsprägend erhalten blieben.

REGION *IM* FLUSS

Doch auch die Seitentäler des Neckars und des Heilbronner Beckens besitzen nach wie vor große Weinbergflächen, und darauf wachsen Spezialitäten, die so und in dieser Kombination nirgendwo sonst angebaut werden. Zwar ist bei den Weißen auch hier der Riesling die dominierende Sorte, allerdings dominiert anders als sonst überall in Deutschland gar nicht der Weißwein (zugegeben, mit Ausnahme des kleinen Ahr-Gebietes): Mehr als zwei Drittel der Fläche sind mit Rotwein bestockt. Trollinger, das schwäbische Nationalgetränk, Schwarzriesling, Spätburgunder und Lemberger, der in den letzten Jahren gezeigt hat, dass er aus der Hand und der Flasche eines qualitätsbewussten Winzers das Zeug zu ganz Großem hat. Fast alles Sorten, die es in Deutschland außerhalb des Anbaugebietes kaum gibt. Allein dieser Umstand lohnt schon eine Stippvisite nach Württemberg, und man muss auch, einmal in Stuttgart angekommen, gar nicht weit fahren. Auch wenn manche Spötter wegen der vielen Baustellen, Stichwort Stuttgart 21, den alten Slogan der Touristenwerbung „Stuttgart – die Stadt zwischen Wald und Reben" durch „Stuttgart – die Stadt zwischen Löchern und Gräben" ersetzen wollen, sind die Reben, also der Weinbau, nach wie vor prägend für die Region Stuttgart. Schon einige Stadtteile und Vororte der Landeshauptstadt sind vom Weinbau geprägt. Untertürkheim ist unter Kennern nicht nur als Herkunft guter Autos, sondern auch guter Weine bekannt, oder der Vorort Fellbach, eine kleine Stadt, deren Ruf als Herkunft hervorragender Weine um ein Vielfaches größer ist. Und wo Wein angebaut wird, wird er, ebenso wie der Trester, auch zu Bränden weiterverarbeitet. Wer nur Grappa als Tresterschnaps kennt, sollte einmal hiesige Pendants probieren.

Stuttgart ist auch ein guter Ausgangspunkt, um die Fildern kennenzulernen. Man muss nur, den Stuttgarter Fernsehturm als Wegmarke fest im Blick, die ungefähr 200 Höhenmeter bis zum Rand des Kessels erklimmen, dann öffnet sich den Blicken, wenn man nicht gerade im Wald steht, die fruchtbare Filder-Hochebene, hinter der der steile Albtrauf sichtbar wird. Fruchtbar sind die Fildern, doch Weinbau ist nicht mehr möglich. Das milde Filderkraut wächst hier und ergibt ein einzigartiges Sauerkraut. Auch Streuobstwiesen findet man rund um die Städte und Dörfer und damit auch wieder gute Brenner, die aus dem Obst köstliche Destillate destillieren. Das Stuttgarter Geißhirtle etwa, ein Birnenbrand, der seine Herkunft schon im Namen trägt.

Im Stuttgarter Talkessel kann man gut kochen, auch guten Wein und feine Spezialitäten aus vielen Regionen genießen. Stuttgart ist ein Sammelbecken, das sich zum Neckar und damit dem Unterland hin öffnet. Von dort und von den Fildern kommen viele leckere Dinge, die man hier in der „Schwabenmetropole" trefflich genießen kann – Destillate inklusive.

Aromenbibliothek
ZUM NACHSCHLAGEN, FÜR GUTEN NACHSCHLAG

Lars Erdmann hat das Brennen bei seinem Großvater gelernt. Eberhard Kohler war gelernter Küfermeister, ein erfolgreicher Brenner bei Landesprämierungen und der DLG und anscheinend auch ein guter Lehrherr. Auch nach seinem Tod im Jahr 2016 führt Lars Erdmann die Abfindungsbrennerei im Nebenerwerb weiter, doch nicht nebenher, sondern im Gegenteil mit viel Herzblut und viel Experimentierfreude. Bei ihm in Stuttgart-Heumaden wurde schon Gin gebrannt, als vom Monkey 47 und erst recht vom Gin-Boom noch nicht die Rede sein konnte.

DER BIBLIOTHEKAR DER AROMEN

Die mögliche Aromenvielfalt eines Gins ist vielleicht ein gutes Bild auch für den Anspruch der Brennerei, der sich in der Bezeichnung „Aromenbibliothèque" manifestiert. Lars Erdmann geht es darum, die Vielfalt der Aromen, die die Natur bietet, in seiner „Bibliothek" zu versammeln und den Genießern zugänglich zu machen. Hier kommt der Brenner selbst zu Wort: „Am allerliebsten genießen wir die Früchte auf den Streuwiesen frisch vom Baum oder im Wald direkt vom Strauch gepflückt. In dieser Vorliebe wurzeln Ansporn und Anliegen für unsere Erzeugnisse, denn Destillation ist aus unserer Sicht die reinste und natürlichste Form der Veredelung von Obst. Durch sie wird eine Kraft befreit, die der Flüssigkeit in unserem Glas einen sinnlichen Abdruck der Frucht verleiht. Ihr Wesen wird verdichtet und verwahrt – und lässt uns den Duft einer frisch aufgeschnittenen Williamsbirne oder die blumig-zitronige Note eines Ingwers erleben. Dieses behutsame Befreien und Bewahren von Aromen bildet das Herzstück unserer Arbeit und ist die Inspirationsquelle für unsere Aromenbibliothèque.

Die Aromenbibliothèque verkörpert die Freude an Aromen und ist ein Gegenentwurf zur Überschwemmung der Regale mit künstlichen Designer-Lebensmitteln, die zunehmend mit dem Verlust unseres natürlichen Geschmacksempfindens einhergehen. Wir möchten die Kultur und das Wissen zu natürlichen Aromen sammeln, ordnen und wahren – und sie als Erfahrungsfeld verfügbar machen für Kenner und Genießergaumen, die ihre Sinne schulen möchten und eine Referenz für unverfälschte und ursprüngliche Aromen suchen." Besser kann man es nicht ausdrücken, worum es in dieser „Bibliothek" geht: nicht um trockenes Bücherwissen, sondern um lebendige Genusserfahrung, meisterlich aufbereitet.

DER ARCHIVAR DER SORTEN

Sortiert ist die Bibliothek nach Kern- und Steinobst, nach Beeren- und nach Südfrüchten, nach Bränden, Geisten und Likören. Eine Vielfalt, die sich zu entdecken lohnt, eine Vielfalt, die für einen Brenner im Nebenerwerb beachtlich ist. An die 50 Produkte werden über den Webshop angeboten, darüber kann man sie kaufen oder sich auch auf eine Warteliste setzen lassen. Aufgrund der kleinen Chargen ist Lars Erdmann vielfach rasch ausverkauft. Die kleinen Mengen liegen nicht nur am Nebenerwerb und der Tatsache, dass es sich hier um eine Kleinbrennerei handelt, sondern auch daran, dass Lars Erdmann höchsten Wert auf die Rohstoffe legt.

ÜBERREGIONALER ANSPRUCH

So entstehen im dörflichen Stuttgarter Stadtteil Heumaden regionale Produkte, teilweise mit überregionaler Wurzel, doch immer mit überregionalem Anspruch. Obgleich Kleinbrenner, sucht Lars Erdmann den Wettbewerb mit den Großen seiner Zunft. Qualitativ kann er mithalten. Wer es überprüfen will, greife zu Kohlers „Aromenbibliothèque" und stille dort seinen Wissensdurst. Obwohl: Wer einmal probiert hat, wird mehr haben wollen …

Lars Erdmann ist ein Bibliothekar auf der Suche nach neuen Aromen und Raritäten, die er in die Sammlung seiner „Aromenbibliothèque“ aufnehmen kann. Als Quereinsteiger mit einem Brotberuf in der IT-Branche hat er dafür die nötige Unabhängigkeit. Die Brennerei ist seine Leidenschaft und weit mehr als nur ein reines Hobby, dazu wird sie zu professionell betrieben. Das schmeckt, wer in dieser Bibliothek nachschlägt (oder besser „nachschluckt“).

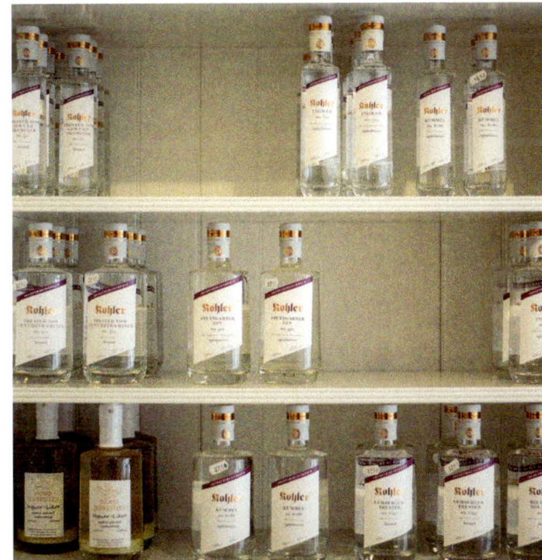

Jürgen KOHLER

HAUPTPRODUKT
Streuobst Birnenbrand

WIR DESTILLIEREN MIT EXPERIMENTIERFREUDE AM AROMA

Lars Erdmann

GLAS
Coupette

ZUTATEN
4 cl Streuobst Birne
1,5 cl Glenfiddich 12y
2 Bl Akazienblütenhonig
2 cl frischer Zitronensaft
Chartreuse zum Aussprühen

GARNITUR
Keine

EIS
Eiswürfel zum Shaken

WERKZEUG
Shaker, Strainer, Zerstäuber

ZUBEREITUNG

Das Gästeglas mit Chartreuse leicht aussprühen.

Alle Zutaten in den Shaker geben, mit Eiswürfeln füllen und ca. 10 - 15 Sekunden shaken, dann in das vorgekühlte Gästeglas abseihen.

DES COCKTAILS KERN

Das Schöne an Cocktails? In ihnen können sich Gegensätze versöhnen wie Birnenbrand und Whisky, Single Malt und Streuobst-Cuvée, Getreidefeld und Obstwiese. Im Glas vereint, lösen sich die Gegensätze in vollendeter Harmonie auf.

Eberhard Kohler
Bockelstr. 17 415874

SISTER Act

HAUPTPRODUKT
Ingwer-Destillat

GLAS
Asia-Gefäß

ZUTATEN

5 cl	*Ingwer-Sprirituose*
2,5 cl	*frischer Limettensaft*
1,5 cl	*Rohrzucker*
5	*Curry-Blätter*
5 cm	*Galingalewurzel, ganz*
8 Bl	*Thai-Basilikum*

GARNITUR
Chili, Thai-Basilikum, Curry-Blätter

EIS
Eiswürfel zum Shaken

WERKZEUG
Shaker, Strainer

WIR MÖCHTEN DIE KULTUR UND DAS WISSEN ZU NATÜRLICHEN AROMEN SAMMELN UND BEWAHREN

Lars Erdmann

ZUBEREITUNG

Alle Zutaten zuerst in den Shaker geben und mit einem Stößel leicht andrücken/muddeln, dann Eiswürfel dazugeben und kräftig shaken. Alle Zutaten dann in das Gästeglas abseihen.

On Top ein wenig Crushed Eis.

DES COCKTAILS KERN

Das Ingwer-Destillat überwältigt durch seine fruchtige Schärfe. Seine Kraft bleibt in diesem Cocktail spürbar, auch wenn sie durch ihre Begleiter, vor allem den Zucker, gezähmt daherkommt.

HIER *lässt man es knallen* – UND DAS SEIT 1826

Das Gründungsjahr 1826 ziert das Logo, und das ziert als erhabenes Relief die neuen Sektflaschen. Kessler ist die älteste Sektkellerei in Deutschland und zeigt es mit Stolz. Hier wird die Tradition hochgehalten, aber gleichzeitig hält man Schritt mit der heutigen Zeit, auch das ist Teil der Tradition. Schon der Gründer Georg Christian von Kessler war innovativ, er hatte in der Champagne die Schaumweinerzeugung gelernt und brachte sie nach Esslingen. Wenn jetzt die Kellerei vermehrt dazu übergeht, wieder die traditionelle Flaschengärung durchzuführen, ist dieses „Mehr" an Handarbeit auch kein Rückschritt, sondern ein Fortschritt. Es ist schlicht die beste Methode der Sektherstellung.

NEU UND ALT MITEINANDER UND ÜBEREINANDER

Der Rückgriff auf die Geschichte ist also kein Selbstzweck, er betrifft die Produktion genauso wie die Kommunikation. Sie gehört zum Markenkern. Verstaubt ist das Image von Kessler trotzdem nicht. Auf der Website heißt es zum Beispiel vom eigenen Ladengeschäft, dem „Kessler Karree 18": „Hier präsentiert sich Deutschlands älteste Sektkellerei als zeitlos-modernes Unternehmen, das nicht nur für Tradition, sondern ebenso für Lifestyle steht." Dazu passt, dass die Schwarzwald Bar Brigade zu den Partnern von Kessler gehört und aus dem traditionell hergestellten Schaumwein flotte Cocktails kreiert. Mit ihnen wird eine jüngere Zielgruppe angesprochen und für ein traditionelles Produkt und für Qualität gewonnen. Nicht Perlen vor die Säue, sondern Sekt-Perlen für die Neuen.

Diese sind durchaus offen auch für Altes, das Kessler Karree macht es vor. Das moderne Ambiente thront über den alten Kellern des mittelalterlichen Klosterpfleghofs, und Kellereiführungen sind ein bei Jung und Alt beliebtes Mittel der Einführung in die Sektgeschichte des Hauses Kessler. Selbstverständlich bleibt es bei diesen Exkursionen in den Esslinger Untergrund nicht bei der Theorie, selbstverständlich werden sie mit einer moderierten Sektprobe abgeschlossen.

Da wird nachvollziehbar: Geschichte schmeckt, die Geschichte und Tradition des Hauses genauso wie die traditionelle Herstellung mit Flaschengärung bei der höchste Qualitäten auch von Hand gerüttelt. Damit hat jede Flasche Kessler auch ein Stück Geschichte hinter sich: bis zu drei Jahre Hefelager und damit die Zeit, Geschmack und eine perfekte Perlage zu erreichen. Zeit ist also eine wichtige Grundzutat des Kessler-Sektes. Ebenso wichtig sind die richtigen Grundweine. Sie stammen aus Württemberg, den übrigen deutschen Anbaugebieten und auch aus Europa, nicht zuletzt aus dem norditalienischen Trentino, wo der Hauptgesellschafter der Kellerei, die Genossenschaftskellerei Cavit, ihren Sitz hat.

BEIDES: REGIONAL UND INTERNATIONAL

Das ist ein Riese im Weingeschäft mit 4 500 angeschlossenen Mitgliedern. Doch die Größenverhältnisse sagen hier nichts darüber aus, wer bei Kessler das Sagen im Tagesgeschäft hat. Entscheidend für das 2005 eingegangene „Bündnis" ist die kontinuierliche Lieferung der Grundweine und auch das weltweite Vertriebsnetz, dass der Esslinger Manufaktur Türen zum Weltmarkt öffnet. Christopher Baur ist der geschäftsführende Gesellschafter. Sein Credo ist, „die ursprünglichen Werte, die Kessler einst zu einer der großen deutschen Marken gemacht haben, mit modernen Unternehmensprinzipien zu verbinden." Tradition und Moderne im Dienste des guten Geschmacks.
„Zurück in die Zukunft" lautet also das Ziel, Kessler kommt ihm mit jeder ausgelieferten Flasche Schluck für Schluck näher ...

Kessler ist die älteste deutsche Sektkellerei. Georg Christian von Kessler hat in der Champagne gelernt, wie man hochwertige Schaumweine erzeugt und im Jahr 1826 die Kellerei in Esslingen gegründet. Das Stammhaus steht heute noch und hat noch viel ältere Wurzeln, denn es ist ein mittelalterlicher Pfleghof des Domkapitels von Speyer. In seinen ausladenden Gewölbekellern reift bis heute der Sekt.

DES JÄGERS *Silberpulver*

HAUPTPRODUKT
Jägergrün

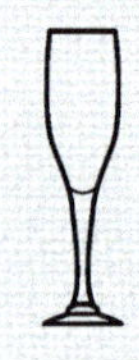

GLAS
Schaumweinglas/ Silberkelch

RIESLING IST DIE MARKANTESTE REBSORTE FÜR EINEN SEKT MIT BESONDEREM CHARAKTER

Annekatrin Schlipf, Sommelière, Kessler Sekt

ZUTATEN

1,5 cl Faradaí
1 cl Rosinensirup homemade
1 ds Angostura
1 Messerspitze Silberpulver
10 cl Sekt Jägergrün

GARNITUR
Keine

EIS
Ohne Eis serviert

WERKZEUG
Rührglas

ZUBEREITUNG

Alle Zutaten außer dem Sekt in ein Rührglas geben, mit Eiswürfeln auffüllen und ca. 30 Sekunden kaltrühren, dann in das vorgekühlte Gästeglas abseihen und mit dem Sekt auffüllen.

Das Silberpulver ist im Lebensmittelbereich zugelassen und vergleichbar mit dem bekannteren Blattgold.

DES COCKTAILS KERN

Dass Sekt in Cocktails mehr als nur ein Filler sein kann, beweist Kesslers Jägergrün hier im Glas. Der Sekt mit seiner feinen Perlage lässt die übrigen Zutaten erst so richtig aufleben, nicht zuletzt die Parakresse aus dem Faradaí.

Le Fleur DE COGNAC

HAUPTPRODUKT
Hochgewächs Rosé

GLAS
Schale

ZUTATEN

2 cl	*Merlet Cognac (oder Weinbrand)*
2 cl	*Scheibel Paradies Erdbeer*
½ Bl	*Dijon-Senf*
1 cl	*Hibiskus Cordial homemade*
10 cl	*Kessler Hochgewächs Rosé*

GARNITUR
Keine

EIS
Ohne Eis serviert

WERKZEUG
Shaker, Fine-Strainer

DIESER ELEGANTE BRUT-SEKT REIFT RUND 20 MONATE AUF DER HEFE

Annekatrin Schlipf, Sommelière, Kessler Sekt

ZUBEREITUNG

Alle Zutaten außer dem Sekt in einen Shaker geben, Eiswürfel dazugeben, ca. 10 - 15 Sekunden shaken, dann in das vorgekühlte Gästeglas abseihen.

DES COCKTAILS KERN

Mit Cognac und Dijon-Senf. Dieser Cocktail wirkt wie eine Hommage an Frankreich, an das Land, in dem Georg Christian von Kessler im 19. Jahrhundert gelernt hat, wie man erstklassigen Schaumwein macht. Und so wie sich im Kessler Rosé Pinot Noir und Chardonnay vermählen, so vermählt sich hier der Sekt mit den Aromen aus Weinbrand, Erdbeerlikör, Hibiskus und Senf zu einem größeren Ganzen.

the DUTCH *from* FELLBACH

HAUPTPRODUKT
Weißburgunder Untertürkheimer Gips

GLAS
Weißweinglas

WIR KONZENTRIEREN UNS AUF DIE REGION UND DIE TRADITIONELLE ART DES WEINMACHENS

Matthias Aldinger

ZUTATEN

3 cl	*Genever*
3	*mundgerechte Stücke Parmesan*
2	*Zweige Minze*
1/8 l	*Weißburgunder*

GARNITUR
Minze und geriebene Muskatnuss, Parmesansplitter

EIS
Ohne Eis serviert

WERKZEUG
Stößel, Shaker

ZUBEREITUNG

Wacholderbeeren in den Shaker geben und mit dem Stößel andrücken, restliche Zutaten dazugeben und mit Eiswürfeln auffüllen, ca. 10 - 15 Sekunden shaken, dann in das vorgekühlte Gästeglas abseihen.

DES COCKTAILS KERN
Der Weißburgunder von Aldinger besitzt einen zurückhaltenden Charakter und doch genügend Persönlichkeit, um es mit starken Partnern wie Genever, Parmesan und Minze aufzunehmen. Ja, er gewinnt, indem er ihnen in diesem Drink den geschmacklichen Vortritt lässt.

Winzer MAHL

HAUPTPRODUKT
Chardonnay Große Reserve trocken

GLAS
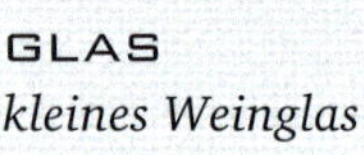
kleines Weinglas mit Karaffe

WIR KÖNNEN NUR IM EINKLANG MIT DER NATUR SPITZENQUALITÄTEN ERZEUGEN

Hansjörg Aldinger

ZUTATEN
0,375 l Chardonnay
2,5 cl Rittenhouse Whisky
1,5 g Kamille
5 g Wacholderbeeren
2 Lorbeerblätter
2 Kapseln Kardamon
2 g Muskatblüte
15 g Zitronenzeste

GARNITUR
Keine

EIS
Ohne Eis serviert

WERKZEUG
Sous-Vide-Gerät

ZUBEREITUNG

Alle Zutaten in einen Plastikbeutel geben (idealerweise einen hitzebeständigen Beutel für Sous-Vide-Geräte), dann mit Vakuumierer verschließen, darauf achten, dass im Beutel wenig Luft verbleibt. Den Beutel dann für 30 Minuten bei 65 °C ins Sous-Vide-Gerät geben (heißes Wasserbad sozusagen). Durch die Wärme findet eine schnellere Infusion statt. Direkt danach alles doppelt zurück in die Flasche abseihen und kühl stellen. Man hat dann einen aromatisierten Chardonnay.

DES COCKTAILS KERN
Starke Aromen attackieren hier den Weißwein, doch die große Reserve hält Stand. Trocken kontert sie die Angriffe der Kräuter und Gewürze mit Frucht und Struktur, die durch Holz verstärkt wurde. Am Ende zieht keiner den Kürzeren, als Gewinner geht der Cocktail vom Platz.

Lemy KRAWITZ

HAUPTPRODUKT
Tresterbrand vom Lemberger

DIE GENAUE HERKUNFT DER LEMBERGERTRAUBE IST HEUTE NICHT MEHR ZU KLÄREN

Hans-Otto Frey

GLAS
Nick & Nora Glas

ZUTATEN

5 cl	*Tresterbrand*
1 cl	*Madeira*
1,5 cl	*Löwenzahnsirup homemade*
2 cl	*frischer Zitronensaft*
1	*Eiweiß*

GARNITUR
Ein paar Tropfen Kürbiskernöl on Top

EIS
Ohne Eis serviert

WERKZEUG
Shaker, Strainer, Fine-Strainer

ZUBEREITUNG

Alle Zutaten in den Shaker geben, mit Eiswürfeln füllen und ca. 10 - 15 Sekunden shaken, dann noch einmal ohne Eis shaken.

Diese Methode nennt man Dry-Shake, sie dient der Bildung einer Schaumkrone, da die Zutaten beim Shaken emulgieren.

Danach in ein vorgekühltes Gästeglas abseihen.

DES COCKTAILS KERN

Der Lemberger ist die Parade-Rebsorte Württembergs. Außerhalb des Gebietes kaum bekannt (außer in Österreich, wo er Blaufränkisch heißt), ist er doch ein Klassiker, der hier als kräftig-kerniger Tresterbrand durch einen weiteren kaum mehr bekannten Klassiker begleitet wird, einen Madeira.

FREY Bier

HAUPTPRODUKT
Bockbierbrand

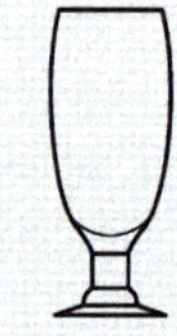

GLAS
Biertulpe

ZUTATEN
5 cl Bockbierbrand
7 Trauben weiß (vorab muddeln)
2 Pimentkörner (vorab muddeln)
1,5 cl Crème de Chataigne (Maronenlikör von Giffard)
Waldhaus Dunkles Bier als Filler

GARNITUR
Als Side Dish
Kasselerscheibe mit Senf

EIS
Ohne Eis serviert

WERKZEUG
Shaker, Strainer, Fine-Strainer

BRÄNDE AUS BIER HABEN SCHON EINE SEHR LANGE TRADITION

Hans-Otto Frey

ZUBEREITUNG

Alle Zutaten in den Shaker geben, mit Eiswürfeln füllen und ca. 10 - 15 Sekunden kräftig shaken. Mit der Double-Strain-Methode die Zutaten in das vorgekühlte Gästeglas abseihen.

DES COCKTAILS KERN

Malzig, süffig ist ein Bockbier. Noch malziger und (und fast noch) süffiger ist der Bockbierbrand, der die Grundlage dieses Cocktails bildet. Ein Gaumenschmeichler, der hier durch den Maronenlikör kongenial ergänzt wird.

MRS. Stuttgart

HAUPTPRODUKT
Stuttgarter Geißhirtle Birnenbrand

GLAS
Nick & Nora Glas

AUF UNSEREN OBSTFELDERN STEHEN DIE ALTEN, VERGESSENEN SORTEN IM VORDERGRUND

Marcus Hofmeister

ZUTATEN

5 cl	*Birnenbrand vom Stuttgarter Geißhirtle*
1 cl	*Bakon Vodka*
3 cl	*Cranberry-Nektar*
1,5 cl	*Ahornsirup*
5	*Walnüsse (gemuddelt)*

GARNITUR
Chilifäden on Top

EIS
Ohne Eis serviert

WERKZEUG
Shaker, Strainer, Fine-Strainer

ZUBEREITUNG

Alle Zutaten in den Shaker geben, mit Eiswürfeln füllen und ca. 10 - 15 Sekunden kräftig shaken. Mit der Double-Strain-Methode die Zutaten in das vorgekühlte Gästeglas abseihen.

DES COCKTAILS KERN
Brände aus Streuobstbirnen beweisen häufig eine größere Komplexität als ein Williamsbirnen-Brand: vordergründig weniger intensiv, doch auf der Zunge und am Gaumen nachhaltig. Das zeigt das Geißhirtle aus dem kleinen Stuttgarter Vorort Fellbach hier vorbildlich. Es lässt sich in diesem Cocktail auch von den übrigen intensiven Geschmäckern nicht unterkriegen.

BENEATH THE Apple Tree

HAUPTPRODUKT

Gewürzluike Apfelbrand

GLAS

Tumbler

ZUTATEN

5 cl Apfelbrand
1,5 cl Ingwerlikör
1,5 cl Cointreau
3 cl frischer Grapefruitsaft
2 ds T.B.T. Orange Flower Water
eine Zitronengrasstange

GARNITUR

Zitronengras und Ingwerscheibe

EIS

Mit Eiswürfeln serviert

WERKZEUG

Shaker, Strainer, Fine-Strainer

WO ES WEIN- UND OBSTBAU GIBT, WIRD SCHON SEIT EH UND JE AUCH DESTILLIERT

Marcus Hofmeister

ZUBEREITUNG

Alle Zutaten in den Shaker geben, mit Eiswürfeln füllen und ca. 10 - 15 Sekunden kräftig shaken. Mit der Double-Strain-Methode die Zutaten in das vorgekühlte Gästeglas abseihen.

DES COCKTAILS KERN

Nomen est Omen, die Gewürzluike ist ein würziger Apfel. Marcus Hofmeister brennt dessen Geschmack seinem Apfelbrand förmlich ein. Wie gut dann diese alte regionale Sorte mit internationalen Zutaten harmoniert, belegt dieser Cocktail.

Bodensee Oberschwaben

Im Vordergrund die Seefläche, im Hintergrund die schneebedeckten Alpen: Die Bodenseeregion bietet wunderschöne Aussichten und wunderbar leckere Spezialitäten, Fische wie das Felchen aus dem See oder Wein und Obst von den Hängen am See. Was die Fischer und Landwirte „ernten", wird vor Ort von den Gastronomen, Winzern und Brennern veredelt – lecker!

Baden-Württemberg liegt nicht an der Küste, aber doch am Meer, am „Schwäbischen Meer", dem Bodensee, der durchaus nicht nur schwäbisch, sondern auch badisch, schweizerisch und zu kleinen Teilen auch bayerisch und österreichisch ist. Doch auch wenn ihn sich so viele Anrainer teilen, ist der Bodensee das größte deutsche Binnengewässer. Allein der deutsche Anteil ist nämlich doppelt so groß wie die Müritz, der zweitgrößte deutsche See. Wie sie ist auch der Bodensee ein „Überbleibscl" der letzten Eiszeit, gar nicht kalt, sondern, im Gegenteil, heute ein gigantischer Wärmespeicher. Er macht es möglich, dass hier in bis zu knapp 600 m Meereshöhe Wein angebaut wird, höher als sonst irgendwo in Deutschland. Flächen- und mengenmäßig bedeutender ist noch der Obstbau. Er profitiert wie die Trauben von der temperaturausgleichenden Wirkung des Wassers. Fast jeder dritte deutsche Apfel kommt von den 8000 ha Anbauflächen in den sich nördlich des Sees befindlichen Gemeinden. Der Intensiv-Obstbau an Niedrigstämmen hat hier schon lange die Hochstämme auf den Streuobstwiesen abgelöst. Die Sortenvielfalt ist dadurch geringer, doch hat sich gezeigt, dass auch manche modernen Sorten wie die Rubinette oder Topaz sehr aromatische Brände ergeben können. Die Brenner am See wissen es und ihre Kunden auch. Dank des regen Tourismus können sich die Produzenten auch nicht über mangelnden Absatz beklagen.

KARGE MOORE UND ÜPPIGER BAROCK

Im Hinterland des Bodensees lässt dann bald die temperaturausgleichende Wirkung des Sees nach. Andere Eiszeitrelikte prägen hier teilweise noch die Landschaft: Bereits verlandete Seen, die jetzt Moore sind, wie das Wurzacher Ried oder noch verlandende Seen wie der Federsee mit dem ihm umgebenden Ried. Zu diesen eher kargen Landschaftsbildern setzt der oberschwäbische Barock üppige Kontrapunkte, so gilt die von Dominikus Zimmermann geschaffene Kirche von Steinhausen als „schönste Dorfkirche der Welt". Die Basilika des Klosters Weingarten ist gar der größte barocke Kirchenbau nördlich der Alpen. Die Oberschwäbische Barockstraße verbindet diese und viele andere Sehenswürdigkeiten.

Die Kirche hat hier also ihre Spuren und viele Denkmäler hinterlassen. Prägende Kraft besaßen aber auch Reichsstädte wie Ravensburg, Biberach oder Ulm, stolze Städte, die noch heute ihre Traditionen hochhalten. Ravensburg und Biberach waren übrigens paritätische Reichsstädte, in denen beide Konfessionen gleichberechtigt nebeneinander lebten, wo sonst in den meisten Reichsstädten die Protestanten die herrschende Konfession stellten. Umgeben waren sie ohnehin vom katholischen sogenannten Vorderösterreich.

HIMMLISCHE GENÜSSE

Augenfällig ist also die katholische Prägung Oberschwabens im Gegensatz zum protestantischen Norden Württembergs. Den Katholiken sagt man Sinnenfreude nach, was sich architektonisch im Barock äußert, wo die Räume ineinanderfließen, zu schwingen scheinen und wo sich in den Deckengemälden der Himmel über dem Betrachter öffnet. Himmlisch und beschwingt – und auf andere Art geistig hochprozentig – sind auch die kulinarischen Genüsse der Region: nicht zuletzt die hiesigen Obstbrände und Destillate.

Der Bodensee ist ein gigantischer Wärmespeicher, der Wein- und Obstbau bis in 600 m Meereshöhe möglich macht. Der See ist auch ein gigantischer Anziehungspunkt für Touristen. Ihnen wird hier viel geboten, nicht zuletzt viele köstliche Spezialitäten, zu denen auch Destillate gehören, zu denen das hiesige Obst veredelt wird.

SANFTE BRÄNDE VOM *Bodensee*

Seit Generationen wird in der Familie Senft gebrannt, zwei Generationen sind derzeit in der Brennerei aktiv: Herbert Senft, der mit seiner Frau Anita die Brennerei 1988 gegründet hat, und ihre Tochter Silke. Herbert Senft kommt vom Weinbau, er war Kellermeister beim Markgraf von Baden und danach bei der ältesten Winzergenossenschaft Badens, dem Winzerverein Hagnau.

VATER UND TOCHTER GEHEN VORAN

Bis 2010 fuhr Herbert Senft zweigleisig, dann setzte er endgültig allein auf die Brennerei, doch die Weichen dazu hatte er schon vorher gestellt. Seit 2007 wird die Brennerei im Verschluss geführt. Es hatte sich abgezeichnet, dass die Tochter ins Geschäft mit einsteigen und einmal die Nachfolge antreten will.
Sie setzt eigene Akzente als ausgebildete Edelbrandsommelière, die damit nicht nur beweist, dass sie einen sensorisch ausgeprägten Geschmack besitzt, sondern auch, dass sie den ihrer Kundschaft gut kennt. Schaut man in die Betriebschronik, häufen sich die Produktinnovationen und Neuerungen, seitdem die Tochter mitmischt. 2009 wird der erste Whisky ins Fass gelegt, ab 2012 stand er zum Verkauf bereit. 2013 folgt ihm ein fassgelagerter Wodka, 2014 der erste Gin. Sichtbarstes Zeichen der neuen Betriebsstruktur ist aber der neu gebaute, lichte Verkaufsraum, bei einem Weingut würde man von einer „Vinothek" sprechen. Die Architektur macht hier wie dort den Anspruch deutlich: Der baulichen Qualität entspricht die Produktqualität. Herbert und Silke Senft lösen diesen Anspruch ein, bestätigt und bescheinigt durch viele hervorragende Prämierungsergebnisse, nicht nur bei der Prämierung des badischen Kleinbrennerverbandes, sondern auch beim World Spirits Award oder den Craft Spirits Awards.

REGIONALE ZUTATEN EINES ÜBERREGIONALEN ERFOLGS

Diese Auszeichnungen markieren den überregionalen Erfolg der Brennerei, der doch in der Regionalität seiner Produkte begründet ist, in der Herkunft nicht zuletzt des Obstes: des eigenen Obstes! Für die Brände stehen auf den Obstwiesen Apfelsorten wie Cox Orange und Elstar, die kleinen Williams-Birnen, leuchtend gelbe Mirabellen sowie saftige Pfirsiche reifen an den Bäumen. Ebenso die Sauerkirschen, die an großen Bäumen reichlich Früchte tragen sowie die urigen Zwetschgenbäume, die treu lilafarbenes, duftendes Obst schenken.

Und was nicht selbstverständlich ist: Auch die Rohstoffe für den Whisky wachsen fast vor der Haustür. Silke Senft spricht davon, dass „eine laue Bodenseebrise" täglich über die Felder „streicht". Der See verlängert für Obst und Getreide die Vegetationszeit, das Ergebnis sind vollreife Früchte in Tafelobstqualität als Grundlage aromatischer Brände. Noch aromatischer und noch fruchtiger werden sie, wenn sie mit einem Fruchtauszug aus derselben Sorte versetzt werden: Himbeere, Cöxchen (Cox Orange) und Williams mit Fruchtauszug. Die klaren Fruchtbrände von Senft sind schon ein klarer Erfolg beim Kunden, noch besser laufen aber die Brände mit Fruchtauszug. Wer immer noch meint, Obstbrände lägen nicht im Trend, der schaue bei der Edelbrennerei Senft vorbei ...

Die Bodenseeregion ist eine beliebte Urlaubsregion. Der Tourismus bietet für Direktvermarkter Chancen, die die Familie Senft ergriffen hat. Ihre Brennerei ist über die Jahre professionalisiert worden. Dafür spricht die Umwandlung zu einer Verschlussbrennerei und der neue lichte und großzügige Verkaufsraum. Was geblieben ist, ist die Qualität der Produkte. Davon kann man sich am besten selbst vor Ort überzeugen.

HAUPTPRODUKT
Sauerkirschlikör

GLAS
Coupette

UNSERE FRÜCHTE REIFEN AN DER SONNENSEITE DES BODENSEES

Herbert Senft

ZUTATEN
3,5 cl Sauerkirschlikör
1,5 cl Dry Gin
1 cl Belsazar Red
1,5 cl Orangensaft
1 Zweig Rosmarin
etwas Chartreuse zum Besprühen

GARNITUR
Rosmarinzweig

EIS
Eis zum Shaken
Ohne Eis serviert

WERKZEUG
Shaker, Strainer, Fine-Strainer

ZUBEREITUNG

Rosmarinzweig mit etwas Chartreuse besprühen, mit einem kleinen Bunsenbrenner ein wenig anflämmen, bis Rauch entsteht, dann das Gästeglas ein paar Sekunden kopfüber darüberstellen, damit es den Rauchgeschmack annimmt und dann drehen.

Alle Zutaten in den Shaker geben, mit Eiswürfeln füllen, ca. 10 - 15 Sekunden kräftig shaken und mit der Double-Strain-Methode die Zutaten in das gesmokte Gästeglas abseihen.

DES COCKTAILS KERN
Der Likör prunkt mit reichen Kirsch- und Mandelaromen, dazu gesellen sich Gin, Orange, Wermut und kräutriger Rauch. Ein Sommerabend am Lagerfeuer zu einem Drink „kondensiert".

PLUM *Limo*

HAUPTPRODUKT
Zwetschgenlikör

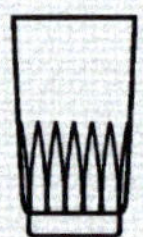

GLAS
Longdrink

UNSERE FAMILIE IST SEIT JEHER TRADITIONELL MIT DEN FRÜCHTEN DER NATUR VERBUNDEN

Herbert Senft

ZUTATEN

5 cl	*Zwetschgenlikör*
1 cl	*frischer Zitronensaft*
0,5 cl	*Vanilliesirup homemade*
1	*Eiweiß*
10 cl	*Ginger Beer*

GARNITUR
Vanillestange

EIS
Eiswürfel zum Shaken
Mit Eiswürfeln serviert

WERKZEUG
Shaker, Strainer

ZUBEREITUNG

Die Zutaten außer dem Ginger Beer in den Shaker geben, mit Eiswürfeln füllen und ca. 10 - 15 Sekunden shaken, dann noch einmal ohne Eis shaken. Diese Methode nennt man Dry Shake. Sie dient der Bildung einer Schaumkrone, da die Zutaten beim Shaken emulgieren.

Danach in das Gästeglas mit Eiswürfeln abseihen und mit dem Ginger Beer auffüllen.

DES COCKTAILS KERN

Der Mandelton aus den Steinen der Zwetschgen stützt die fruchtige Süße des Likörs. Zur Mandel gesellt sich Vanille. Zitrone und Ingwer geben den Frische-Kick, damit es nicht zu heimelig wird.

EIN *Kleinbrenner* KOMMT GANZ GROSS RAUS

Christoph Keller hat Erstaunliches geschafft: Er ist als deutscher Kleinbrenner weltbekannt. Wie schafft man das, wenn man selbst doch nur 300 Liter reinen Alkohol produzieren darf, mit einer Menge, die noch nicht einmal ein Tröpfchen auf dem heiß umkämpften Spirituosenweltmarkt ist und die rein rechtlich auch nie auf dem Weltmarkt landen darf? Wie auch, wenn man als Abfindungsbrenner seine Brände gar nicht exportieren darf? Wie schafft man es also? Man lässt sich als Brenner für ein Produkt mit internationalen Ambitionen engagieren.

Dass das passiert ist bzw. passieren konnte, hat Christoph Keller seinem Können als Brenner zu verdanken. Bei der österreichischen Destillata-Prämierung hat er mehrfach vordere Plätze belegt, 2013 wurde er als Krönung Zweiter in der Gesamtwertung und „Nationensieger Deutschland". Chapeau!

AUFSTEIGENDER AUSSTEIGER

Dabei ist Christoph Keller zum Brennen gekommen wie die Jungfrau zum Kind. „2004 erwarben meine Frau und ich die Stählemühle in Egeltingen und mit ihr ein Brennrecht. Ich dachte, das sei das Recht, mit Holz zu heizen."

Dieser Irrtum wurde bald aufgeklärt und aus dem ehemaligen Kunstbuchverleger und Aussteiger, der sich vorgenommen hatte, auf dem Land ruhiger zu treten, wurde ein erfolgreicher Brenner, dessen Erfolge nicht allein an den zahlreichen Prämierungen, sondern auch am Vermarktungserfolg abzulesen sind. Der wiederum lässt sich nicht zuletzt an den stolzen Preisen erkennen, die Christoph Keller für seine Destillate erzielen kann.

185 Euro für 35 cl der Mährischen Vogelbeere aus dem Maulbeerfass sind nur die Spitze vom Eisberg. Die Preisliste zählt 250 Positionen, eine Menge, für die sich der Brenner gar bei seinen Kunden entschuldigt – nicht aber für seine Preise, die bei 75 Euro für 35 cl beginnen, doch das muss er auch nicht. Es ist jedem Kleinbrenner zu gönnen, wenn er mit seinen guten Produkten Geld verdienen kann, und Christoph Keller findet seine Kunden, respektive seine Kunden finden ihn, erleichtert durch viele Berichte in den Medien.

Es gibt wohl in Deutschland keinen anderen Brenner, der so bekannt ist wie der bärtige Latzhosenträger aus dem Hegau, womit wir fast wieder am Beginn unserer Geschichte stehen: „Christoph Keller hat Erstaunliches geschafft: Er ist als deutscher Kleinbrenner weltbekannt ..." Doch hier nimmt die Geschichte eine andere Wendung, denn durch seine Erfolge wurde Alexander Stein auf Christoph Keller aufmerksam, als er einen Destillateur für seinen Gin, den Monkey 47, suchte. Doch das wiederum ist eine andere Geschichte (siehe Seite 112).

RÜCKZUG NACH DEM AUFSTIEG

Die Geschichte von Christoph Keller als Brenner geht allerdings bald zu Ende. Er schreibt auf seiner Homepage: „Man soll aufhören, wenn es am Schönsten ist, rät eine alte Lebensweisheit. Und, nun ja, was soll ich sagen, wir finden es jetzt eigentlich ziemlich schön. Daher haben wir uns dazu entschlossen, unsere Brennerei in naher Zukunft zu schließen."

Im Herbst 2018 soll Schluss sein. Höchste Zeit, sich eines der raren Destillate zu sichern! Man darf gespannt sein, ob Christoph Keller sich diesmal wirklich aus dem aktiven Berufsleben zurückzieht, vielleicht startet er ja im Ruhestand eine dritte Karriere auf einem ganz anderen Feld ...

Christoph Keller ist in der Brennerszene bekannt wie ein bunter Hund und darüber hinaus. Er hatte schon als Kunstbuchverleger einen erstklassigen Ruf und hat sich einen solchen auch als Brenner innerhalb kürzester Zeit erarbeitet. Kurz ist auch die Geschichte der Brennerei: 2004 wurde die Mühle mit Brennrecht erworben, 2018 soll schon wieder Schluss sein. Schade …

Johannis VOM KELLER

HAUPTPRODUKT
Hegauer Ribisel-Likör

GLAS
Likörglas

ZUTATEN
3 cl Ribisel-Likör
2 cl Havana 7
1,5 cl Port
1 ds Grapefruit Bitters
1 ds Chocolate Bitters

GARNITUR
Als Side Dish Espresso und Johannisbeer-Macarons

EIS
Eiswürfel zum Shaken
Ohne Eis serviert

WERKZEUG
Shaker, Strainer

IN EINEM EINZIGEN MOMENT DEN GESAMTEN LEBENSKREISLAUF DER NATUR EINFANGEN

Christoph Keller

ZUBEREITUNG

Alle Zutaten in den Shaker geben, mit Eiswürfeln füllen und ca. 10 - 15 Sekunden shaken, dann in das vorgekühlte Gästeglas abseihen.

DES COCKTAILS KERN

Anders als der Name Ribisel vermuten lässt, steckt hier im Likör mehr drin, nämlich neben Schwarzen auch Rote Johannisbeeren und damit auch mehr Geschmack außer dem typischen „Cassis“. Der Portwein greift diese dunklen Noten auf, ebenso der Chocolate Bitter. Die Grapefruit hingegen knüpft bei den fruchtig-sauren Komponenten der Roten Johannisbeere an.

IL PROFUMO DA *Sicilia*

HAUPTPRODUKT
Sizilianische Blutorange

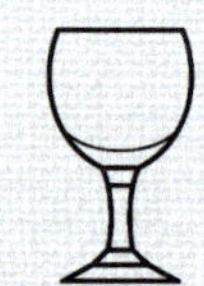

GLAS
Rotweinglas

WIR GLAUBEN NICHT NUR AN DEN GEIST DER FRUCHT, SONDERN AUCH AN IHRE SEELE

Christoph Keller

ZUTATEN
3 cl Sizilianische Blutorange (Geist)
2 cl Dry Gin
½ Bl Fernet Branca
10-12 cl Dry Tonic Water

GARNITUR
Grapefruitscheiben im Glas

EIS
Eiswürfel zum Rühren
Mit Eiswürfeln serviert

WERKZEUG
Rührglas, Barlöffel, Strainer

ZUBEREITUNG

Alle Zutaten in ein Rührglas geben, mit Eiswürfeln füllen und ca. 30 Sekunden kaltrühren. In das mit Eiswürfeln und Grapefruitscheiben gefüllte Gästeglas abseihen.

DES COCKTAILS KERN
Die Blutorangen für diesen Geist wachsen auf Vulkanböden. Daraus scheinen sie ihre quasi feurig-bitter-süße Fruchtigkeit zu ziehen, denn dieser Geist atmet. Gin, Tonic und Fernet Branca akzentuieren ihn weiter, überdecken ihn aber nicht.

HAUPTPRODUKT
Obstbrand

ALLES ANDERE ALS EIN SCHLICHTER OBSTLER

Andreas Metzler

GLAS
Shotglas

ZUTATEN
2 cl Obstbrand
1 Tropfen Chartreuse Élixir

GARNITUR
Als Side Dish Ciabatta mit Oliven-Tomaten-Tapenate

EIS
Eiswürfel

WERKZEUG
Gefrierschrank

ZUBEREITUNG

Obstbrand, Chartreuse Élixir und auch das Shotglas für einige Minuten in das Gefrierfach legen (bis ein Frosteffekt eintritt) und dann herausnehmen.

Shotglas mit Obstbrand füllen und einen Tropfen von dem Élixir on Top geben.

DES COCKTAILS KERN
Dass ein Obstler, in der Regel eine Mischung von Apfel- und Birnenbrand, mehr sein kann als ein simpler „Schnaps", zeigt der Obstbrand von Metzler. Nicht umsonst hat er schon Gold bei Prämierungen gewonnen. Gewinnen tut er hier auch noch durch den sparsamen Zusatz des Chartreuse Élixir.

Mezzo FORTE

HAUPTPRODUKT
Apfelbrand Holzfass

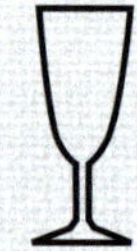

GLAS
Coupette

KLEINBRENNEREIEN BEWAHREN EINE MEHR ALS 200 JAHRE ALTE TRADITION

Andreas Metzler

ZUTATEN
4,5 cl Apfelbrand
1,5 cl D.O.M. Bénédictiné
1,5 cl Sahne
2 cl Orangensaft
5-7 Salbeiblätter

GARNITUR
getrocknete Apfelscheiben

EIS
Eis zum Shaken
Ohne Eis serviert

WERKZEUG
Shaker, Strainer, Fine-Strainer

ZUBEREITUNG

Alle Zutaten in den Shaker geben, mit Eiswürfeln füllen und ca. 10 - 15 Sekunden kräftig shaken. Mit der Double-Strain-Methode die Zutaten in das vorgekühlte Gästeglas abseihen.

DES COCKTAILS KERN

Noch einmal Apfel, noch einmal ein Kräuterlikör, doch ein ganz anderer Cocktail-Charakter. Die Apfelaromen werden vom Holz gestützt, das seinerseits hier „sahnig" fortgeführt wird. Der Salbei setzt zusätzliche kräuterige Akzente, der Orangensaft macht den saftigen Abschluss.

Hohenlohe & der Norden

Der Norden Baden-Württembergs hat sich zu einer kulinarisch erstklassigen Region entwickelt. Geografisch am Rande des Bundeslandes gelegen, ist sie auf der Landkarte der Gourmets ins Zentrum gerückt. Nicht zuletzt, weil hier und besonders im Hohenlohischen traditionelle bäuerliche Strukturen erhalten blieben und damit auch Spezialitäten, nach denen sich Feinschmecker die Finger lecken.

Nach Norden, Nordwesten und Nordosten lassen sich Baden-Württembergs Naturräume nicht so leicht abgrenzen wie nach Süden und Westen. Zwar bilden auch hier Flüsse und Gebirge die Grenze zu anderen Ländern und Bundesländern, doch Neckar, Main und Tauber haben im Vergleich zum Rhein genauso wenig große Dimensionen wie der Odenwald im Vergleich zum Schwarzwald. Auch historisch liegt hier eine gewisse „Zerfaserung" vor. Ehemalige Reichsstädte wie Schwäbisch Hall, geistliche Herrschaften wie Speyer oder Fürstentümer wie Hohenlohe oder die Kurpfalz schoben sich zwischen die badischen und württembergischen Landesteile. Seit 1806 entweder zu Baden oder Württemberg gehörig, spürt man in vielen dieser nördlichen Landesteile bis heute einen besonderen Lokalpatriotismus, etwa in Schwäbisch Hall, dessen Einwohner für sich reklamieren, gar nicht schwäbisch, sondern eher fränkisch-hällisch zu sein, oder in Heidelberg, der ehemaligen kurpfälzischen Residenzstadt, wo man viele Sprachen dieser Welt hört und spricht, nur gewiss kein badisch ...

AGRARLANDSCHAFT MIT TRADITION

Auch wenn die Region einige industrielle Weltmarktführer wie die Firma Würth im hohenlohischen Künzelsau oder Heidelberger Druckmaschinen für sich reklamiert, Baden-Württembergs Norden ist eine nach wie vor agrarisch geprägte Landschaft, weniger an Rhein und Neckar, aber doch im Hohenlohischen. Hier wird die fruchtbare Hochebene durch die tiefen Täler von Jagst und Kocher zerschnitten. An diesen beiden Flüssen und an der Tauber gibt es wie am Neckar und der Badischen Bergstraße Weinbau. An der Tauber gibt es mit dem Tauberschwarz auch eine lokale Rebsortenspezialität, die allerdings tatsächlich mehr von lokaler Bedeutung ist. Auf der Hochebene wachsen Getreide und Zuckerrüben. Die Viehhaltung ist auch noch präsent. Für den Besucher offensichtlich, denn die Weidehaltung ist hier, wo es eine hohe Dichte an biologisch wirtschaftenden Betrieben gibt, noch immer gut vertreten. Klassisch und verbreitet ist die Milchvieh- und Muttertierhaltung bei den Rindern, auch verbreitet und noch bekannter die Zucht des Schwäbisch Hällischen Landschweins, das so populär ist, dass es fast den Rang eines inoffiziellen Wappentiers der Region erhalten hat. Unverkennbar ist es durch seine schwarze Maske, warum es auch – politisch nicht mehr korrekt – „Mohrenköpfle" genannt wird.

NEU ENTDECKTE ALTE SORTEN

Auch bei den Destillaten gibt es regionale Besonderheiten, etwa die Blutbirne oder auch die Wahl'sche Schnapsbirne. Sie wurde in den 70er-Jahren als köstliche Brennbirne im hohenlohischen Hessental bei Schwäbisch Hall wiederentdeckt. Diese Sorte schlägt die Williamsbirne nicht nur von der Alkoholausbeute her, sondern ist ihr auch aromatisch mehr als ebenbürtig. In dem Fall gilt also: Wer die Wahl(sche im Glas) hat, hat garantiert nicht die Qual, sondern Freude! Machen Sie die Probe aufs Exempel, am besten bei einer Visite in der Region!

„Schmeck den Süden" heißt ein Slogan der Marketinggesellschaft Baden-Württemberg, mit dem sie dazu animieren will, die hiesigen Spezialitäten zu genießen. „Schmeck den Norden" ließe er sich abwandeln, denn der Norden des Bundeslandes hat sich zu einer kulinarischen Region gemausert.

Landschaftlich schön war sie schon immer ...

GUTE *Aussichten* IN HOHENLOHE

Der Hof von Karl Müller liegt wunderschön – hoch überm Kochertal. Eine tolle Aussicht, eine tolle Lage, aber nicht für die Direktvermarktung. Dort, am Ende der Dorfstraße von Schönenberg und auch ein bisschen am Ende der Welt, gibt es keinen Durchgangsverkehr.

QUALITÄT ALS GRUNDVORAUSSETZUNG

Andere Brennereien profitieren von ihrer Lage in der Nähe einer größeren Stadt oder in einer von Touristen besuchten Region. Schönenberg kaum, so sehr es seinen Namen „auf einem schönen Berg" liegend verdient hat. Wie bekommt Karl Müller dann seine Produkte an den Mann, an die Frau? Zunächst ganz einfach, indem er mit Qualität überzeugt, dabei gab es keine Tradition in der Familie, auf die er aufbauen konnte, keinen Vater als Brenner, dem er hätte über die Schulter schauen können. 1994 erwarb Karl Müller das Brennrecht und die Brennanlage. Bald darauf begann das Engagement im nordwürttembergischen Kleinbrennerverband, das ihn bis zum Verbandsvorsitz führte. Bedingt durch das Engagement verbesserte sich auch die Qualität der Destillate. Die neugeknüpften Kontakte nutzten, die Seminare, die sensorische Schulung, der Vergleich mit den Kollegen. Was ist sortentypisch, wie erkenne ich Fehlaromen, wie vermeide ich Fehlgärungen ...? Im Verband fand Karl Müller auf diese und viele andere Fragen Antworten, und Schritt für Schritt, Jahr für Jahr verbesserte er seine Qualität.

STREUOBSTSPEZIALITÄTEN

Karl Müller setzt dabei stark auf Streuobstspezialitäten wie die Schnäwelesbirne oder die Blutbirne. Die Blutbirne wächst wie auch andere Obstbäume direkt hinterm Haus. Die meisten dieser Bäume sind noch recht jung, der Orkan Wiebke hat 1990 ihre Vorgänger fast ausnahmslos gefällt. Ein Nachbar hat Gott sei Dank noch eine Wiese mit älteren Bäumen. Aus dem eigenen und zusätzlich erworbenen Streuobst gewinnt Karl Müller unverwechselbare, ebenso individuelle wie feine Destillate. Die „Brände von der Streuobstwiese" bilden in der Konsequenz auch eine eigene Rubrik auf der Preisliste. Und sind leider aufgrund der geringen Mengen stets rasch ausverkauft. Aber in der Preisliste finden sich neben diesen Raritäten auch die Klassiker aus Apfel, Zwetschge, Sauerkirsche & Co. Bei den Likören sieht es ähnlich aus: Die Schwarze Johannisbeere steht hier neben dem Experiment „Weißer Schokoladenlikör", ein überaus gelungenes und auch ein erfolgreiches Experiment im Verkauf und bei Prämierungen. Medaillen gewinnt Karl Müller aber in allen Kategorien seines Sortimentes.

VIRALES MARKETING GANZ TRADITIONELL

Das spricht sich herum: „Virales Marketing" könnte man es mit einem Modewort bezeichnen. Das ist aber auch nichts anderes als die gute alte „Mundpropaganda". Der eine sagt dem anderen: „Kauf beim Müller, da bekommst du Qualität." So werden die Müller'schen Destillate bekannt und gekauft, bis hin nach Hamburg und Berlin. Ein solcher, quasi bundesweiter Vertrieb ist für einen Kleinbrenner nicht selbstverständlich. Ein Erfolg, der auf den vielen persönlichen – und nicht virtuellen – Kontakten der Familie Müller beruht.

Aber Karl Müller ruht sich nicht auf seinen Lorbeeren aus, nicht im Sortiment und nicht in der Vermarktung. Seit zwei Jahren bietet er auch Whisky an, auch eine torfgerauchte Variante. Bezüglich der Vermarktung wird der ehemalige Schweinestall so ausgebaut, dass Karl Müller bald Reisegruppen empfangen kann. Dann hat Karl Müller den Standortnachteil seines Hofes – am Ende der Dorfstraße – in einen echten Standortvorteil umgemünzt!

Ein Schwerpunkt in Karl Müllers Sortiment sind Brände von der Streuobstwiese. In ihnen entfalten seltene alte Sorten ihre kulinarischen Reize, etwa die Blutbirne, die auch als rohe Frucht ein Hingucker ist. Als Destillat ist sie ein „Hinschmecker“, und einen Versuch wert, auf jeden Fall eine Versuchung. Und das ist nur eines von vielen leckeren Produkten …

Blut JUNG

HAUPTPRODUKT
Blutbirne

GLAS
Coupette

RARITÄTEN WIE DIE BLUT- UND SCHNÄWELESBIRNE PRÄGEN EINEN GROSSEN TEIL UNSERER HEIMAT

Karl Müller

ZUTATEN
5 cl Blutbirne
1,5 cl Rotwein- Beerenfrüchte-Sirup homemade
1 cl Punte e mes Carpano
2 ds Angostura

GARNITUR
Keine

EIS
Eiswürfel zum Kaltrühren
Ohne Eis serviert

WERKZEUG
Rührglas, Barlöffel

ZUBEREITUNG

Alle Zutaten in ein Rührglas geben, mit Eiswürfeln befüllen und ca. 30 Sekunden kaltrühren. Zutaten dann in das vorgekühlte Gästeglas abseihen.

SCHOKO *Ritter*

HAUPTPRODUKT

Weißer Schokoladenlikör

GLAS

Coupette

ZUTATEN

7	*Wacholderbeeren*
5 cl	*Weißer Schokoladenlikör*
1 cl	*Pfefferbalsam*
3 cl	*Bonpland Suave Rum & Grape*

GARNITUR

Eine (große) Tafel Ritter Sport „Weiße Voll-Nuss"

EIS

Ohne Eis serviert

WERKZEUG

Stößel, Shaker, Barsieb, Fein-Strainer

MEINE STRATEGIE: DIE QUALITÄT VERBESSERN UND SPEZIALITÄTEN HERSTELLEN

Karl Müller

ZUBEREITUNG

Wacholderbeeren in den Shaker geben und mit dem Stößel andrücken, restliche Zutaten dazugeben und mit Eiswürfeln auffüllen, ca. 10 - 15 Sekunden shaken, dann in das vorgekühlte Gästeglas abseihen.

BRENNER

BLACK FOREST DISTILLERS

Black Forest Distillers GmbH
Alexander Stein
Oberwiesachstr. 3
72290 Loßburg-Betzweiler
Telefon: 0 74 55/94 68 70
info@monkey47.com
www.monkey47.com

BRANDJUNG

Klaus Jung
Goethestr. 18
79331 Teningen
Telefon: 0 76 41/9 62 15 55
Fax: 0 76 41/9 62 15 54
info@brandjung.de
www.brandjung.de

BROCH MANUFAKTUR

Rainer Broch
Albstraße 12
72181 Starzach-Wachendorf
Telefon: 0 74 78/26 03 37
Fax: 0 74 78/26 10 34
info@manufaktur-broch.de
www.manufaktur-broch.de

WEINGUT DANNER

Heimbach 3
77770 Durbach
Telefon: 07 81/9 48 31 23
Fax: 07 81/94 86 95 37
info@danner-weingut.de
www.danner-weingut.de

FAUDE FEINE BRÄNDE

Florian Faude
Bergstr. 18
79268 Bötzingen
Telefon: 0 76 63/6 07 52 55
Fax: 0 76 63/6 07 52 56
E-office@
faude-feine-braende.com
www.faude-feine-braende.com

Monkey 47

Mandarine-Zwetschge

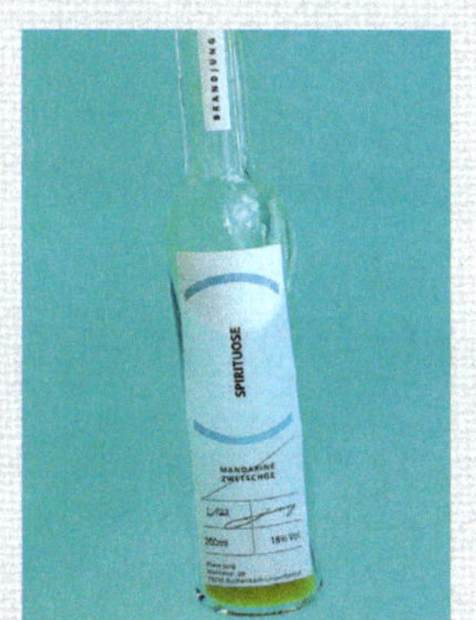

Hagebuttengeist

Williams Christ mit Birne

Rhabarberlikör

Sloe Gin

Bohnapfel-Brand

Schwarze Johannisbeere

Riesling-Tresterbrand

Zwetschgenbrand

KLEINBRENNEREI FITZKE

Inhaberin Edith Fitzke
Riedstr. 18
79336 Herbolzheim
Telefon: 0 76 43/15 23
Fax: 0 32 12/1 12 82 71
info@kleinbrennerei-fitzke.de
www.kleinbrennerei.fitzke.de

Derrina-Whisky Einkorn

Derrina-Whisky Roggen

BRENNEREI DR. DR. HANS-OTTO FREY

Am Grünen Weg 5
72649 Wolfschlugen
Telefon: 0 70 22/9 51 02 83
Fax: 0 70 22/9 51 02 87
info@schnaps-net.de
www.schnaps-net.de

Bockbierbrand

Tresterbrand vom Lemberger

GASTHOF-RESTAURANT HIRSCH

Familien Andreas und
August Kottmann
Unterdorfstr. 2
73342 Bad DitzenbachTelefon: 0 73 35/9 63 00
Fax: 0 73 35/96 30 30
info@hirsch-badditzenbach.de
www.hirsch-badditzenbach.de

Bratapfel-Likör

Quitten-Wasser

DESTILLERIE KOHLER

Lars Erdmann
Bockelstr. 17
70619 Stuttgart
Telefon: 07 11/4 41 58 74
info@destillerie-kohler.de
www.destillerie-kohler.de

Birnenbrand

Ingwerdestillat

MARDER EDELBRÄNDE

Stefan Marder
Fichtenweg 5
79774 Albbruck-Unteralpfen
Telefon: 0 77 55/2 38
Fax: 0 77 55/91 99 50
info@marder-edelbraende.de
www.marder-edelbraende.de

Zwetschgenbrand

Kirschwasser

EDELBRÄNDE METZLER

Familie Metzler
Fahnhalden 1
88285 Bodnegg
Telefon: 0 75 20/9 11 00
info@edelbraende-metzler
www.edelbraende-metzler

RIEGER & HOFMEISTER

Marcus E. Hofmeister
Rommelshauser Str. 9/1
70734 Fellbach
Telefon: 07 11/5 78 32 42
Fax: 07 11/3 00 31 61
info@rieger-hofmeister.de
www.rieger-hofmeister.de

EMIL SCHEIBEL

Schwarzwald-Brennerei
Grüner Winkel 32
77876 Kappelrodeck
Telefon: 0 78 42/9 49 80
Fax: 0 78 42/94 98 94
info@scheibel-brennerei.de
www.brennerei-scheibel.de

ALFRED SCHLADERER

Alte Schwarzwälder
Hausbrennerei GmbH
Alfred-Schladerer-Platz 1
79219 Staufen
Telefon: 0 76 33/83 20
Fax: 0 76 33/8 32 88
info@schladerer.de
www.schladerer.de

SCHÖNENBERGER FEINDESTILLERIE

Karl Müller
Schönenberg 1
74547 Untermünkheim
Telefon: 0 79 06/87 41
km@kleinbrenner-verband.de

Obstbrand

Stuttgarter Geißhirtle Birnenbrand

Woodka

Wildschlehe

Blutbirne

Reneklodenwasser

Gewürzluike Apfelbrand

Walnussgeist

Kirschwasser

Weißer Schokoladenlikör

EDELBRÄNDE SENFT

Edelbrände Senft
GmbH & Co. KG
Dorfbachstr. 10
88682 Salem-Rickenbach
Telefon: 0 75 53/88 31
Fax: 0 75 53/63 63
info@edelbraende-senft.de
www.edelbraende-senft.de

Sauerkirschlikör

Zwetschgenlikör

EDELOBSTBRENNEREI STÄHLEMÜHLE

Christoph Keller
78253 Eigeltingen-Münchhöf
Telefon: 0 77 71/87 55-0
Fax: 0 77 71/87 55 11
ck@staehlemuehle.de
www.staehlemuehle.de

Hegauer Ribisel Likör

Sizilianische Blutorange

BRENNSCHEUER STRASSER

Hofladen Strasser
Langegasse 30
72581 Dettingen
Telefon: 0 71 23/97 28 53
Fax: 0 71 23/97 28 54
info@brennscheuer-strasser.de
www.brennscheuer-strasser.de

Albwacholder

Palmischbirne

BRENNEREI WILD

Franz Wild
Brände und Liköre
Strohbach 65
77723 Gengenbach
Telefon: 0 78 03/55 55
Fax: 0 78 03/60 15 35
info@wild-brennerei.de
www.weingut-wild.de

Roter Weinbergpfirsich

Weinbergpfirsich Gold

EDELBRENNEREI WURTH

Markus Wurth
Laubertsweg 6
77743 Neuried-Altenheim
Telefon: 0 78 07/23 38
Fax: 0 78 07/95 53 93
Markus.Wurth@online.de
www.edelbrennerei-wurth.de

Topinamburbrand

L'UrTiKa Zigarre

WEITERE PRODUZENTEN

WEINGUT ALDINGER

Schmerstr. 25/
Ecke Lutherstraße
70734 Fellbach
Telefon: 07 11/58 14 17
Fax: 07 11/58 14 88
info@weingut-aldinger.de
www.weingut-aldinger.de

Weißburgunder

Chardonnay Große Reserve

BELSAZAR

Belsazar GmbH
Schlesische Str. 28
10997 Berlin
Telefon: 0 30/23 60 87 86
Fax: 0 30/27 57 59 21
info@belsazar-vermouth.de
www.belsazar.com

Belsazar Red

Belsazar White

FALLER KONFITÜREN

Konfitürenmanufaktur
Alfred Faller GmbH
Seeweg 3
79694 Utzenfeld
Telefon:0 76 73/9 10 70
Fax: 0 76 73/9 10 71 25
info@fallerkonfitueren.de
www.fallerkonfitueren.de

Badische Schwarzkirschmarmelade

Waldfrucht

BRAUKOLLEKTIV FREIBURG

Braukollektiv KG
Fabrikstr. 16
79102 Freiburg im Breisgau
Tel. mobil: 01 76/84 26 45 33
info@braukollektiv.com
www.braukollektiv.com

Black Sheep IPA

MANUFAKTUR JÖRG GEIGER

Reichenbacher Str. 2
73114 Schlat/Göppingen
Telefon: 0 71 61/9 99 02 24
Fax: 0 71 61/9 99 02 14
info@manufaktur-joerg-geiger.de
www.manufaktur-joerg-geiger.de

Prisecco Rosenzauber

Prisecco Apfel-Birne

KESSLER-SEKT

Kessler Sekt GmbH & Co. KG
Georg-Christian-
von-Kessler-Platz
73728 Esslingen am Neckar
Telefon: 07 11/31 05 93-0
Fax: 07 11/31 05 93 50
info@kessler-sekt.de
www.kessler-sekt.de

Kessler Jägergrün

Kessler Rosé

WEINGUT SALWEY

Inhaber Konrad Salwey
Hauptstr. 2
79235 Oberrotweil
Telefon: 0 76 62/3 84
Fax: 0 76 62/63 40
weingut@salwey.de
www.salwey.de

Weißburgunder

Rosé

DAS TEAM

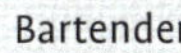

DOMENICO TERMINE

Bartender

ROMAN KOFFER

Bartender

FRIEDRICH SPRINGOB

Redakteur Kleinbrennerei

BASCHI BENDER

Fotograf

BILDQUELLEN

Alle Fotos von Baschi Bender Fotografie, Freiburg
Fundus Mayländer: Hintergrund Seite 3
Franz Rueß: Seite 47
maximanl/Shutterstock.com: Hintergrund Seite 31, 135
picture-alliance: Bild Seite 131
Annmarie Young/Shutterstock.com: Hintergrund Seite 163
picture-alliance: Bild Seite 179
ilolab/Shutterstock.com: Hintergrund Seite 183
Moolkum/Shutterstock.com: HintergrundSeite 97
Alle Gläserzeichnungen Shutterstock

Bibliografische Information der Deutschen Nationalbibliothek
Die Deutsche Nationalbibliothek verzeichnet diese Publikation in der Deutschen Nationalbibliografie; detaillierte bibliografische Daten sind im Internet über http://dnb.d-nb.de abrufbar.
Wollgrasweg 41, 70599 Stuttgart (Hohenheim)
E-Mail: info@ulmer.de
Internet: www.ulmer-verlag.de
Lektorat: Volker Hühn
Umschlagentwurf, Layout und Satz: Michaela Mayländer, Stuttgart
Reproduktionen: timeRay, Jettingen
Druck und Bindung: Firmengruppe APPL, aprinta Druck, Wemding
Printed in Germany

ISBN 978-3-8001-0390-4